ÉTUDES

RÉVOLUTIONNAIRES.

Paris. — Imprimerie PREVE et Ce, rue J.-J.-Rousseau, 15.

ÉTUDES

RÉVOLUTIONNAIRES

PAR

J.-B. MILLIÈRE.

Vox populi, vox Dei.

PARIS.

LIBRAIRIE DE LA PROPAGANDE DÉMOCRATIQUE ET SOCIALE EUROPÉENNE

1, rue des Bons-Enfants

—

1851

PRÉAMBULE.

Le lendemain des grandes Journées de Février, la France croyait enfin avoir clos l'ère des révolutions violentes. La magnanime générosité du Peuple vainqueur, et l'apparente résignation des partis aristocratiques, en réunissant sous le niveau de l'égalité, les diverses classes jusque là ennemies, semblaient avoir à jamais détruit les causes de discorde et de haine qui divisent les hommes, et n'en former désormais qu'une seule famille de frères.

Parmi ceux qui, pendant nos longues années de luttes pour l'avénement de la République, avaient subi les persécutions et apprécié la perfidie de ses adversaires, les plus clairvoyants ne furent pas dupes de ces trompeuses apparences; ils aperçurent, dans les hommages si empressés des royalistes, un masque que la peur avait jeté sur leurs visages pour cacher les sentiments de haine et de vengeance que devait avoir allumés une défaite si honteuse. Ils se disaient : L'homme ne change pas aussi brusquement, sans motif. Que ses opinions politiques reposent sur des intérêts matériels, ou qu'elles soient basées sur des convictions morales, elles ne disparaissent pas ainsi du jour au lendemain, elles ne peuvent changer qu'avec la cause qui les a déterminées; et à moins qu'une révélation subite, comme celle qui illumina Saül, fût venue d'en haut éclairer tout à coup les vieux suppôts de la monarchie, il était difficile de croire à la conversion sincère des hommes qui, jusqu'au dernier moment, avaient nié les droits du Peuple et persécuté avec acharnement ses défenseurs.

Cependant, on acceptait, comme un heureux présage, les adhésions qui venaient chaque jour consacrer la puissance de la République. Ceux qui avaient été si cruellement éprouvés dans leur foi démocratique s'applaudissaient d'avoir voué leur existence à une cause qui s'imposait avec une telle grandeur; et tout en dirigeant la Révolution sur le chemin du Progrès, ils s'efforçaient de la maintenir dans les limites les plus étroites de la justice et de la modération.

Mais aussi, ils voulaient que le Peuple prît ses mesures contre les embûches possibles de ses anciens ennemis; ils le conjuraient de se tenir en garde contre des trahisons que la plus vulgaire prudence devait faire craindre. Quoiqu'il fût difficile de croire à la sincérité des adulations prodiguées au nouveau souverain par des gens habitués à encenser tous les pouvoirs, néanmoins le Peuple pouvait, il devait accueillir les vieux partis, parce que nous devons vouloir convertir à la République tous ceux qui consentent à s'y rallier : les esprits consciencieux qui renoncent à leurs anciennes erreurs, comme les convictions vierges qui se développent au souffle de notre propagande. Mais il n'était point sage de confier les intérêts de la République à des dévouements si récents. Avant d'abandonner le sort d'une cause entre les mains de ses nouveaux prosélytes, ceux-ci doivent subir des épreuves longues et géminées ; ils doivent lui donner des garanties d'autant plus sérieuses qu'ils lui ont été plus hostiles. On ne remet pas le drapeau d'une armée aux mains novices des conscrits ; on le confie moins encore à des transfuges du camp ennemi, et il ne faut pas que la qualité d'ancien persécuteur d'un parti forme à elle seule un titre pour en obtenir la direction avec les honneurs du commandement.

Telles étaient les appréhensions de quelques-uns des fondateurs de la République. Heureux d'avoir atteint le but de leurs espérances, ils détournaient la tête avec dégoût de la foule des ambitieux, écume immonde de tous les partis, qui se ruait sur la Révolution comme une meute à la curée. Restés en dehors de ce tourbillon du pouvoir, qui semble donner le vertige à tous ceux qui en approchent, ils se tenaient à l'écart. Pour toute récompense ils demandaient au gouvernement nouveau la réalisation des bienfaits que la Démocratie doit donner au monde ; et, réunis dans les clubs, ils ne cessaient de crier au Peuple : « Défie-toi des apparences trompeuses; ne livre pas tes destinées aux ennemis que tu viens de relever dans tes bras meurtris : ils te pardonneront difficilement ta victoire, et plus difficilement encore la clémence dont tu les accables. Tu ne sais pas tout ce qu'il y a d'égoïsme sous ces beaux semblants de fraternité, tu ne peux connaître tout ce que contiennent de fiel et de boue les cœurs dépravés par tant d'années de corruption monarchique. Prends garde aux piéges qui te sont tendus ! Mêlée dans tes rangs sous l'humble costume du prolétaire, l'aristocratie est mille fois plus dangereuse aujourd'hui que quand tu en étais séparé par l'épaisseur des barricades. »

Sentinelles inutiles ! Leur voix ne fut pas écoutée. Le Peuple prit leurs sinistres avis pour l'écho affaibli de vieux et trop légitimes ressentiments ; il se riait de frayeurs qu'il ne pouvait partager. Dans l'enivrement de sa victoire il se croyait trop puissant pour redouter une nouvelle usurpation, il était trop loyal pour croire à une aussi noire perfidie.

Hélas ! les prolétaires ne furent pas longtemps à reconnaître leur erreur. Trois mois s'étaient à peine écoulés, et déjà ils allaient rappeler aux mandataires du Peuple sa volonté souveraine. Il était trop tard ! On sait ce qu'il advint. Puis, un mois après, jetés violemment dans la rue par une machination infernale, aux prises avec le désespoir, ils recouraient, dans les jours néfastes de Juin, au moyen suprême de l'insurrection pour échapper à la misère ; préférant, disaient-ils, se soustraire, par la mort avec le plomb, aux tortures d'une mort mille fois plus atroce, la mort lente par la faim !

C'est que le Peuple, absorbé par des labeurs abrutissants, avait jusqu'alors vécu dans une ignorance presque absolue de ses droits. Éloigné avec soin de toute participation aux affaires communes, il n'avait ni éducation ni expérience politique ; il n'avait pas vu de près les manœuvres de ses anciens exploiteurs ; il ne connaissait pas les fourberies que l'on décore du nom de grande politique ; il croyait naïvement aux pompeuses professions de foi par lesquelles on avait capté sa confiance, et il avait abandonné le soin de ses intérêts les plus chers à des hommes qui, par leur position, avaient des intérêts contraires et nécessairement hostiles.

La déception fut amère, le désespoir violent, la répression impitoyable. . . . .

Depuis lors, la réaction, affranchie des entraves que lui opposait la crainte salutaire du Peuple, n'a cessé de poursuivre, avec une sorte de frénésie, le rétablissement du vieux monde et des institutions vermoulues sous lesquelles elle abritait ses priviléges. Marchant tantôt le front haut et orgueilleux, tantôt rampant à travers les sentiers tortueux de l'intrigue et de l'hypocrisie, elle est parvenue à reprendre une à une toutes les conquêtes de nos révolutions. Aujourd'hui, sous l'influence des royalistes et des jésuites, la France semble revenue aux plus mauvais jours de la Restauration; toutes les libertés conquises en Juillet et en Février ont été successivement confisquées, et l'œuvre réactionnaire vient d'être couronnée par. . . . . .

. . . .

par la restriction du suffrage universel!

Quand, dans les heures de recueillement où nous plonge le spectacle des choses qui se produisent chaque jour dans les hautes régions politiques, l'esprit jette un coup d'œil rétrospectif sur les trois années qui viennent de s'écouler, l'on se sent pénétré d'un profond sentiment de regret à la vue des fautes commises. Mais, avec la réflexion, ce sentiment amer fait bientôt place à l'espérance de voir la Démocratie, instruite à l'école du malheur, profiter des fautes passées pour en éviter de nouvelles.

Les républicains sont très oublieux. Au moindre signe de récipiscence ils pardonnent facilement les hostilités dont ils ont le plus souffert. C'est une imprudence. Pour que la clémence ne soit pas de la niaiserie, il faut que le repentir soit vrai et la conversion sincère; et les prolétaires ont pu se convaincre que des protestations seules ne sont pas un gage suffisant. Les temps que nous venons de traverser ne doivent pas sortir de la mémoire du Peuple; les événements qui se sont accomplis, surtout depuis Février, y resteront profondément gravés : l'expérience du passé servira d'exemple pour l'avenir. S'il en était autrement, il faudrait désespérer de l'humanité et se résoudre à voir la Démocratie tourner perpétuellement dans le même cercle vicieux.

Espérons que cette leçon sera la dernière, parce qu'elle a été donnée directement au Prolétariat. Ce n'est plus seulement sur une partie de la population que l'expérience s'est faite. Depuis Février le Peuple tout entier a pris part à la vie publique; par deux années d'exercice de sa souveraineté il a été initié à l'existence sociale; devenu le souverain dispensateur des honneurs et de la fortune, l'on a vu tous les partis se prosterner humblement devant ce nouveau roi pour capter sa confiance et obtenir ses faveurs; devant lui tous les intérêts, toutes les ambitions sont venues se produire et discuter leurs prétentions rivales; les idées les plus contradictoires ont été émises et discutées : il a été constitué juge du camp. Dans cette lutte à outrance il a pu apprécier la valeur des hommes et des systèmes; et ceux-là même qui combattaient pour le replonger dans la misère et asseoir leur domination sur son ignorance, ses propres ennemis ont puissamment contribué à son instruction par leurs disputes et leurs flatteries, comme ils ont fait son expérience par leurs trahisons. Désormais, le grain est semé, il est tombé dans une terre vierge et fertile, il fructifiera, et à ses produits l'on saura bien le distinguer de l'ivraie.

Le gouvernement présidentiel forme une transition entre la Monarchie et la Démocratie, entre la Royauté et la République. Les institutions et les actes, les lois et les hommes, tout a ce caractère transitoire. Nous sommes dans une époque ambiguë qui tient à la fois du passé et de l'avenir, et qui n'a point de présent. Placé ainsi entre deux mondes, l'homme éprouve un vague sentiment d'inquiétude qui jette souvent l'indécision et le doute dans son âme. Souvent, sans se l'expliquer, sans même chercher à s'en rendre compte, il ressent le besoin de s'orienter et de revoir le chemin qu'il vient de parcourir avant de s'engager dans celui où il va entrer.

Tel est l'objet de ce livre.

Le Peuple doit se préparer, par l'étude de la science politique et sociale, à l'exercice de sa souveraineté reconquise. Il faut que remis de nouveau en possession de ses droits, il puisse les exercer lui-même, et ne se trouve plus dans la nécessité de livrer l'administration de ses affaires à des mandataires fatalement intéressés à le trahir.

D'autre part, il faut que le Peuple n'oublie pas les rudes leçons qu'il a reçues jusqu'ici, surtout pendant ces trois dernières années d'expérience. Pour cela, il est bon de les lui rappeler sans cesse en plaçant sous ses yeux le tableau des principaux actes de la réaction contre-révolutionnaire.

Ceci n'est pas une histoire de notre jeune République. Je veux signaler la marche de la contre-révolution, et rappeler au Peuple désabusé les actes de ses directeurs, afin qu'il ne perde pas les enseignements du passé. Mon intention n'est pas non plus de discuter des théories abstraites. Le moment ne me semble pas opportun pour exposer de nouvelles conceptions et formuler les principes métaphysiques qui, selon moi, forment l'idéal des destinées de l'humanité. Il existe aujourd'hui, dans le domaine exploré de la science sociale, des doctrines suffisantes pour fournir à l'opinion publique, la solution de tous les problèmes actuellement posés. Je veux seulement professer les principes de droit politique qui doivent servir de base au gouvernement des Nations; ce sera l'objet de la première partie. Puis, après avoir, dans une seconde partie, passé en revue les phases diverses de la Révolution, et signalé les manœuvres des réactions contre-révolutionnaires, j'essaierai de formuler, dans la troisième partie, les idées de rénovation sociale qui ont obtenu de l'assentiment public un concours d'adhésions assez général pour les rendre réalisables, et les faire passer de la théorie dans la pratique gouvernementale.

Le temps presse. Une sourde agitation remue la société jusque dans ses profondeurs; et par leurs manœuvres, les partis ennemis de nos institutions nouvelles précipitent le monde dans une crise imminente. Il faut renvoyer à des jours plus calmes, la pacifique élaboration des systèmes et des théories : il s'agit ici d'une œuvre toute de circonstance et d'actualité.

Enfant du Peuple, je défends sa cause qui est aussi la mienne; et pourtant, quelques efforts que je fasse, il m'est impossible de traiter ce sujet d'une manière à la fois assez brève et assez élémentaire pour que tous les prolétaires, maintenus jusqu'ici dans l'ignorance, puissent y rechercher eux-mêmes les règles de leur conduite politique. Mais, depuis Février surtout, un assez grand nombre d'entre eux, et, parmi les priviligiés de ce monde, des hommes à l'âme généreuse et au noble cœur, ont voué leur intelligence et leurs loisirs à la propagation des idées d'affranchissement humanitaire : c'est à ceux-là principalement que cet écrit est destiné.

Clermont-Ferrand, Août 1850 (1).

(1) Des obstacles de toutes sortes, et notamment les entraves apportées depuis quelques temps à l'exercice de l'imprimerie, ont retardé d'une année la publication de cet ouvrage.

ÉTUDES RÉVOLUTIONNAIRES.

PREMIÈRE PARTIE.

PRINCIPES DE DROIT POLITIQUE.

CHAPITRE PREMIER.

De l'Origine des Sociétés.

L'ordre social est l'état naturel de l'homme. Du jour où il s'est trouvé plusieurs personnes sur un même point du globe, elles ont été nécessairement entraînées les unes vers les autres par les besoins qu'elles ont eu de leurs services réciproques. Ainsi les sociétés se sont constituées d'elles-mêmes, parce que telle est la destinée de l'humanité. Elles se forment naturellement, selon une loi providentielle, comme les fleuves se forment de la réunion des ruisseaux qui, obéissant à la loi naturelle de la pesanteur, coulent sur les mêmes versants pour se confondre dans les mêmes bassins.

En effet, l'homme ne peut vivre seul. En naissant, sa faiblesse réclame impérieusement les soins de ceux qui lui ont donné le jour. Parvenu à l'âge viril, s'il était abandonné à ses propres ressources, il ne serait guère plus avancé ; et, en dépit de l'égoïsme sceptique de Montaigne, nul être humain, dans ces conditions, ne pourrait se suffire à lui-même. Pour satisfaire à ses besoins de toutes sortes, il faut que l'homme conquière la nature, qu'il s'en empare et la modifie, qu'il la transforme par le travail et l'approprie à ses organes. Or, quelles que soient l'étendue de ses forces et la multiplicité de ses aptitudes, sans le secours de ses semblables, il lui serait impossible d'effectuer tous ces travaux, surtout dans l'origine des sociétés, où tout est à créer; et quand même il le pourrait, son existence n'y suffirait pas. Seul, il ne saurait par lui-même apprendre à connaître les propriétés des choses, découvrir les procédés, inventer les instruments et confectionner tous les objets indispensables à la vie matérielle : logement, vêtement, ameublement, nourriture. A plus forte raison ne pourrait-il pourvoir à ses besoins intellectuels, artistiques et moraux, qui sont aussi des nécessités de sa nature, des conditions du bonheur auquel il aspire constamment par toutes ses tendances.

L'homme est donc destiné à vivre avec ses semblables réunis en société. Cette réunion est nécessaire pour accomplir toutes les fonctions de la vie : la production, l'échange et la consommation ; pour les travaux et les plaisirs, pour les peines et les jouissances; et l'existence humaine n'est qu'un perpétuel échange de services, où chacun, en accomplissant pour tous les fonctions auxquelles ils se sent destiné par la nature particulière de ses vocations, jouit du produit des travaux de tous.

De nombreuses hypothèses contraires à ce système de la nature ont été faites sur l'origine des sociétés humaines. Je ne veux pas les examiner toutes ; cependant, comme cette question est fondamentale, et entraîne des conséquences pratiques de la plus haute importance, il convient d'apprécier les doctrines qui se sont produites avec le plus d'autorité.

La société, dit-on, a pour base la famille ; elle a été créée à son image et elle doit en suivre les lois.

C'est là, sans doute, l'origine historique des sociétés humaines ; mais ce n'en est pas le principe philosophique. La famille a très vraisemblablement été la première des sociétés ; longtemps elle leur a servi de modèle, parce que les membres de la famille se trouvant étroitement groupés dans le même lieu, leurs services sont plus rigoureusement nécessaires encore qu'entre les autres hommes. Les enfants ne peuvent vivre sans les soins de leur père et surtout de leur mère ; et la nature a pourvu au défaut de réciprocité de services par les compensations que les père et mère puisent dans l'attrait de leurs travaux domestiques et les joies de l'amour paternel. Dans la famille, les faibles sont attachés aux forts par leurs besoins matériels, les forts sont unis aux faibles par leurs besoins affectifs, par leurs sentiments et leurs plaisirs. Si la famille est la première des sociétés dans l'ordre historique, elle n'est donc pas la raison d'être des sociétés politiques; elle en est l'élément, elle n'en est pas la cause; elle a elle-même un principe générateur, et ce principe est le même pour l'une comme pour l'autre. Entre la famille et l'humanité, il n'y a d'autre différence que celle-ci : Dans l'une, les personnes mises en rapport sont indiquées par les liens du sang; dans l'autre, elles ne sont limitées que par les bornes de l'humanité.

Baser la société politique sur la société familiale, c'est donc reculer la difficulté, ce n'est pas la résoudre.

Jean-Jacques Rousseau l'avait compris. « Les enfants, « dit-il (1), ne restent liés au père qu'aussi longtemps « qu'ils ont besoin de lui pour se conserver. Sitôt que « ce besoin cesse, le lien naturel se dissout. Les enfants, « exempts de l'obéissance qu'ils devaient au père, le père, « exempt des soins qu'il devait aux enfants, rentrent tous « également dans l'indépendance. » Il ajoute : « S'ils « continuent de rester unis, ce n'est plus naturellement, « c'est volontairement; et la famille elle-même ne se « maintient que par convention. »

Ici se présente un second système. Selon Rousseau, l'ordre social est fondé sur une convention, et il en conclut que la société ne vient pas de la nature.

Il convient d'abord de s'entendre sur le sens de ce mot nature. Le philosophe de Genève en a beaucoup abusé. Faute de l'avoir bien défini, ce mot a été la cause de la plupart de ses erreurs.

Cela est naturel qui est conforme aux lois de la nature. S'il est démontré que l'ordre social est dans les volontés de Dieu; s'il est conforme aux lois de la création; s'il est

(1) *Contrat Social.*

dans les destinées de l'humanité, l'ordre social est naturel, et la supposition d'un contrat qui consacrerait cet état n'est qu'une fiction.

Si l'on veut parler d'une société particulière, d'une nation déterminée, d'une cité, rien n'oblige les hommes à faire partie de l'une plutôt que de l'autre, et l'on peut dire que le fait d'en être membre est le résultat d'une volonté particulière; l'action d'y entrer ou d'y rester est l'effet d'un consentement qui n'a rien de nécessaire. Comprise ainsi, la société est volontaire. Que si « d'un homme libre elle fait un esclave, » il ne faut pas chercher à rendre ce changement légitime : l'immortel auteur du *Contrat Social* lui-même n'y parviendrait pas.

Mais si, par société, l'on entend l'ordre social en général, il est évident qu'il ne résulte pas d'une convention arbitraire. La grande société humaine est aussi indispensable à l'homme que la petite société familiale est nécessaire à l'enfant. J'en atteste Rousseau lui-même. A ses yeux la seule société naturelle est la famille, parce qu'elle est fondée sur les rapports de consanguinité. Mais le lien du sang est l'occasion déterminante de la société familiale; il n'en est pas la base, puisque, suivant Jean-Jacques, dès que les membres de la famille n'ont plus besoin les uns des autres, la société se dissout. Il faut donc qu'elle ait une cause autre que ces liens du sang, car ceux-là ne cessent jamais d'exister. Quelle est cette cause? Rousseau l'indique sans s'en apercevoir : « Les enfants ne restent liés au père, qu'aussi longtemps *qu'ils ont besoin de lui* pour se conserver. Sitôt que ce besoin cesse, le lien naturel se dissout. Les enfants, exempts de l'obéissance qu'ils devaient au père, le père, exempt des soins qu'il devait aux enfants, rentrent tous également dans l'indépendance. » Oui, dans l'indépendance comme membres de la famille, ils peuvent quitter cette petite société spéciale pour choisir une autre société particulière. Non, en tant qu'hommes ; car s'ils n'ont plus les besoins qui exigent les services réciproques de la parenté, ils conservent tous les besoins qui nécessitent le commerce de leurs semblables dans l'humanité ; et la même cause qui rendait la société familiale naturelle, est la base de l'ordre social humanitaire. Cet état est donc aussi naturel que le premier.

Telle est la force de cette vérité, qu'à chaque pas le grand apôtre de la Révolution française lui rend involontairement hommage, tout en voulant la méconnaître. Voici comment il établit la fiction de son contrat social : « Je suppose les hommes parvenus à ce point où les « obstacles qui nuisent à leur conservation dans l'état de « nature, l'emportent, par leur résistance, sur les forces « que chaque individu peut employer pour se maintenir « dans cet état. Alors, cet état primitif ne peut plus « subsister, et le genre humain périrait s'il ne changeait « de manière d'être. » Mais cet état, dans lequel le genre humain périrait, est-il son état naturel ? Assurément non, et jamais il n'a dû exister. Le sauvage lui-même ne l'a jamais subi. A quelque époque de l'enfance de l'humanité que l'on puisse remonter, il y a toujours eu une société quelconque, ne serait-ce que la société rudimentaire de la famille. D'ailleurs, quel est l'état naturel de l'homme ? C'est celui qui convient le mieux à sa nature, c'est-à-dire celui dans lequel il peut se développer dans toutes ses facultés physiques, morales et intellectuelles, et accomplir ainsi le plus sûrement sa destinée ; et la sauvagerie n'est pas plus l'état naturel de l'humanité que l'enfance n'est celui de l'homme.

Enfin, Rousseau le reconnaît plus formellement encore quand il traite des clauses de ce qu'il appelle le contrat social. « Les clauses de ce contrat, dit-il, sont tellement « déterminées par la nature de l'acte, que la moindre « modification les rendrait vaines et de nul effet; en « sorte que, bien qu'elles n'aient peut-être jamais été « formellement énoncées, elles sont pourtant les mêmes, « partout tacitement admises et reconnues. » S'il est quelque chose au monde de naturel, c'est assurément une association dont les conditions immuables sont ainsi déterminées nécessairement par la nature même des choses. Un contrat dont les clauses sont écrites dans la nature n'est pas une convention civile, c'est une loi divine.

Comment expliquer de telles erreurs dans un livre qui a été le premier code révolutionnaire de la France? Voici quelle me semble en avoir été la cause : Rousseau a créé la fiction du contrat social pour combattre les doctrines professées par Grotius, Hobbes et autres champions du despotisme. Après avoir détruit les théories de l'inégalité de nature, du prétendu droit du plus fort, de l'esclavage, du droit de conquête, il ajoute : « Quand j'accorderais « tout ce que j'ai réfuté jusqu'ici, les *fauteurs du despo-* « *tisme* n'en seraient pas plus avancés, etc. »

La doctrine du contrat social était un grand progrès au dix-huitième siècle ; elle a détruit le despotisme des rois. Mais, sous le régime parlementaire, elle peut produire d'autres conséquences non moins funestes ; il importe de la rectifier. Sur la supposition gratuite d'une convention antérieure, l'on fonde « l'obligation pour le « petit nombre de se soumettre au choix du grand ; » elle tend à légitimer tous les actes des majorités. Son auteur lui-même en a tiré des conclusions dangereuses.

Ainsi, par le contrat social, l'homme perd sa liberté naturelle pour acquérir une sorte de liberté conventionnelle qui peut se transformer facilement en une affreuse tyrannie. Cette même convention est la base du prétendu droit de vie et de mort. Elle autorise les majorités à instituer un gouvernement monarchique. Enfin elle a pour effet de sanctionner l'usurpation connue sous le nom de droit du premier occupant.

CHAPITRE II.

Du But des Sociétés.

La cause génératrice des sociétés est dans la nature elle-même. J'ai démontré que la vie humaine exige, entre les hommes, un continuel échange de services sans lequel ils ne pourraient accomplir leur destinée. Le but de la société est donc le but même de la vie.

Or, quel est le but de la vie de l'homme? Il ne faut pas être un grand savant pour résoudre cette question ; interrogez le premier venu, il répondra : Je veux être heureux. Il ne sait peut-être pas comment il pourra parvenir au bien, mais il le veut, et sa volonté est bonne, parce qu'il obéit aux impulsions de sa nature.

Le bonheur, tel est l'objet constant de nos préoccupations. Tout ce que l'homme fait, il le fait en vue de ce résultat. S'il en est qui, par un dévouement rare, font le sacrifice de leur bien-être particulier pour assurer celui de leurs frères, c'est l'exception ; et encore trouvent-ils, jusque dans le martyre, une amère satisfaction des tendances de leur grande âme. A part ces quelques hommes d'élite, chacun cherche à satisfaire ses besoins personnels par les moyens qui sont en son pouvoir. Tous les travaux que l'homme exécute, même au prix des souffrances souvent cruelles, qui en sont encore inséparables, tendent à ce but. S'il travaille, c'est pour être heureux ; s'il s'impose des privations, c'est encore pour se procurer le bien-être auquel il aspire ; et les anachorètes eux-mêmes, par un calcul assurément aussi faux qu'égoïste, ne s'infligent des macérations et des douleurs que dans l'espérance de mériter le bonheur éternel.

Les hommes tendent au bonheur comme la flamme tend à monter, la pierre à tomber, l'eau à couler. Le bonheur est l'étoile qui conduit l'humanité comme l'individu sur le chemin du progrès. Il est le principe et la fin de toute chose, l'alpha et l'oméga. C'est la loi de Dieu; et cette loi, on ne peut la méconnaître, car elle est gravée en caractères brûlants jusqu'au fond de nos âmes; si l'homme pouvait l'oublier, toutes les voix de la nature lui crieraient sans cesse : Fils de Dieu, sois heureux !

Cependant, jusqu'ici le bonheur n'a pas existé sur la terre. Il semble que, comme le dit un mythe célèbre, le genre humain soit condamné à expier quelque mystérieux forfait dans des tortures éternelles. Les poètes, même les plus joyeux en apparence, n'ont guère été que les chantres de nos douleurs. Les philosophes à bout de ressources, après avoir vainement cherché le bonheur, ont fini par conclure qu'il n'existe pas; et tous répètent en chœur, d'une voix triste et solennelle : Le bonheur n'est qu'un mirage trompeur, une chimère. Quelques-uns même ont essayé de justifier le mal; ils condamnent l'humanité à se tordre éternellement dans les cercles de cet enfer, et ils l'engagent à s'y soumettre avec résignation : ils ne lui laissent pas même l'espérance.

« Il serait plus important, dit Voltaire, de découvrir « un remède à nos maux; mais il n'y en a point, et nous « sommes réduits à rechercher tristement leur origine. » Rechercher l'origine de nos maux est une œuvre très méritoire; mais à quoi bon le faire si ce n'est que pour s'en repaître, ou en étaler le sinistre tableau aux yeux des générations attristées? Mieux vaudrait encore les endormir dans les illusions que de leur rappeler sans cesse l'affreuse réalité. Oui, il faut rechercher la cause de nos douleurs, mais c'est pour y trouver un remède.

Or, pour chercher le remède, il faut y croire. Est-il bien vrai qu'il n'existe pas? Parce qu'il n'a jamais été trouvé, est-il logique d'en conclure que cela est impossible?

Impossible! Ce mot a causé bien des malheurs; on en a fait un funeste abus. C'est devant ces quatre syllabes que souvent viennent échouer les tentatives les plus généreuses, et que se brise la foi nécessaire pour les accomplir. Toutes les fois qu'a été formulée une nouvelle idée d'affranchissement populaire, elle a d'abord été repoussée par les suppôts intéressés du vieux monde comme anarchique, comme destructive de la société. Puis, quand sa légitimité leur est démontrée, vaincus par l'évidence, à bout de ressources, ils se retranchent derrière ce grand mot: impossible. Cela serait trop beau, disent-ils; les hommes ne sont pas faits pour tant de bonheur; il faudrait changer la nature humaine. Comme si le genre humain était fait d'une nature incompatible avec le bien, comme s'il était à jamais voué au dieu du mal!

Ce pessimisme calculé conduit à la négation de la loi du progrès; de tout temps il a été un obstacle à la marche ascendante de l'humanité: il importe de le détruire. C'est avec ce raisonnement que les esclaves rivent leurs chaînes; c'est sous l'empire de cette idée que les peuples subissent patiemment la tyrannie, et que des millions d'hommes courbent le front sous la domination de quelques despotes qu'ils pourraient renverser d'un souffle. Ce mot est la seule objection spécieuse, opposée avec quelque apparence de raison à la légitimité des Révolutions.

L'on ne veut fortement que ce que l'on espère ; et l'on n'espère que ce que l'on croit possible. Si l'homme ne croit pas à la possibilité d'améliorer son sort, il ne fait rien pour le changer, et il accepte l'abjection dans laquelle il croupit. Aussi les exploiteurs des peuples ont-ils soigneusement propagé cette idée désespérante. Ils l'ont tellement enracinée dans les esprits de leurs sujets, que les plus malheureux d'entre ceux-ci sont devenus les plus grands obstacles à leur propre délivrance. Les prolétaires aspirent au bien-être ; ils souffrent horriblement des iniquités sociales qui leur en ferment l'entrée ; ils maudissent les priviléges et les privilégiés ; mais quand on leur parle de s'en affranchir, ils répètent en secouant la tête avec tristesse, cette croyance dans laquelle ils ont été élevés : Cela est impossible ; il y a toujours eu des maîtres et des esclaves, des riches et des pauvres, des heureux et des malheureux ; il y en a toujours eu et il y en aura toujours ! Et ils retombent sous la loi qui les opprime plus soumis de toute la force de leur incrédulité.

Impossible ! Le mal seul devrait l'être. Tout ce qui est dans l'ordre de la nature est possible. Le bonheur n'est donc pas chimérique, car Dieu nous en fait sentir profondément la nécessité par le besoin impérieux qu'il nous en a donné. Condamner le genre humain à des souffrances éternelles, c'est supprimer sa raison d'être, c'est lui enlever tout idéal, lui refuser toute destinée. Déclarer le bonheur impossible, c'est nier la Providence ; c'est un blasphème. Si le bonheur n'était pas réalisable, l'homme serait une inconcevable contradiction. Né avec des besoins ardents, brûlé du désir de les satisfaire, si Dieu lui en avait refusé les moyens, il lui aurait menti, la vie serait un leurre, une amère dérision, et Shakspeare aurait pu dire avec vérité : « Le bonheur, c'est de n'être pas né. »

Mais la conscience humaine a toujours protesté contre les sophismes de l'esprit aux abois. Le monde n'a jamais voulu accepter comme irrévocable la sentence de mort prononcée contre lui. Les philosophes eux-mêmes ont constamment fait du bonheur l'objet de leurs élucubrations, et au milieu des défaillances de leur intelligence, ils n'ont jamais cessé de poursuivre, dans les réalités de la vie, ce que leur science incomplète ne leur laissait entrevoir que comme une chimère. Voltaire, le sceptique Voltaire lui-même, a fait, au milieu de ses blasphèmes impies, et entre deux éclats de rire satanique, un suprême appel à la bonté de la Providence, comme « le seul asile « auquel l'homme puisse recourir dans les ténèbres de « sa raison et dans les calamités de sa nature faible et « mortelle (1). »

Et le peuple le revendique, ce bonheur, comme un droit imprescriptible, chaque fois que l'excès de ses douleurs a épuisé sa patience. Enfin tous le demandent à Dieu, en répétant au fond de leur cœur cette sublime prière, qui contient tout une révélation : « Notre père ! que votre règne arrive ; que votre volonté soit faite *sur la terre comme au ciel.* »

Sans doute, ce royaume de Dieu, ce règne de la Justice et de la Vérité, le Bonheur, en un mot, est loin d'exister aujourd'hui sur la terre. Qui le sait mieux que nous? Qui donc, plus que le Prolétaire, souffre des maux qui affligent le monde? Jusqu'ici on a vainement cherché le bonheur ; mais de ce qu'on ne l'a pas atteint, est-ce une raison pour qu'on n'y parvienne jamais? Parce que les philosophes ne l'ont pas trouvé, sont-ils en droit de conclure qu'il n'existe pas? Quel est celui qui

(1) Préface du poème sur Lisbonne.

osera fixer des bornes au Progrès et lui dire : Tu n'iras pas plus loin? Où est l'orgueilleux mortel qui osera imposer à l'esprit humain les limites étroites de son propre cerveau?

Il n'y a point de remèdes à nos maux, dites-vous, et nous devons nous contenter de rechercher tristement leur origine. Si vous vous étiez livrés à des investigations complètes, en employant consciencieusement les procédés que vous formulez vous-mêmes, comme vous le conseille un des plus grands penseurs du siècle (1), vous auriez peut-être reconnu que ces maux ont pour cause vos propres erreurs; et en prenant le contre-pied de ce que vous avez fait, vous auriez tout naturellement trouvé le remède à des douleurs que vous perpétuez, si vous ne les avez pas créées. Au lieu de vous faire les champions du despotisme; au lieu de légitimer l'usurpation, de justifier l'iniquité, de consacrer l'injustice des institutions sociales, et de vous faire, comme Voltaire et tant d'autres, les courtisans des oppresseurs du Peuple, il fallait, ô philosophes! étudier la nature humaine en elle-même, et non telle que l'ont faite les tyrans; formuler des institutions en harmonie avec cette nature humaine, ou au moins essayer de le faire, comme l'a tenté sous vos yeux un prolétaire, le fils de l'horloger, le bon et malheureux Jean-Jacques. Et si votre science ne vous fournit pas des lumières suffisantes, il fallait, au lieu de le conspuer, vous inspirer de l'esprit de cet autre prolétaire, le fils du charpentier; vous pénétrer des préceptes sublimes de ce grand révélateur des destinées humaines, en sonder la profonde sagesse, — alors, vous auriez reconnu que le bonheur n'est pas une chimère, et, vous résignant au

(1) Charles Fourier; voir *Théorie de l'Unité universelle.*

rôle, aussi beau que modeste, de disciples du grand maître, vous auriez eu la gloire immense de réaliser ce royaume de Dieu sur la terre comme il l'est au ciel.

Depuis Socrate, le bonheur est l'objet de tous les systèmes philosophiques. Le précurseur de Jésus a ainsi déterminé le véritable but de la philosophie. Et pour l'atteindre, il a indiqué la voie qu'elle devait suivre, par cette maxime, résumé synthétique de sa doctrine : Connais-toi toi-même.

C'était dire aux philosophes : Etudiez la nature.

Plusieurs l'ont tenté. Mais la plupart d'entre eux n'ont vu la nature que défigurée par les vices des institutions humaines. Ils ont pris le fait pour le droit. Un philosophe, considéré pendant une longue suite de siècles comme l'oracle de la science, Aristote, a osé poser en principe que les hommes ne sont point naturellement égaux, mais que les uns naissent pour l'esclavage et les autres pour la domination; et ses successeurs n'ont pas craint de résoudre en faveur du despotisme, la monstrueuse question de savoir si le genre humain appartient à quelques hommes, ou si quelques hommes appartiennent au genre humain!

Une semblable opinion se conçoit jusqu'à un certain point de la part des hommes qui écrivent sur les misères humaines au milieu des délices des cours, où l'on consomme dans la débauche le produit des sueurs du Peuple. Il appartient à un prolétaire de protester, au nom de ses frères de douleur, contre un tel blasphème.

Je ne veux pas sortir de mon sujet, et exposer ici, même sommairement, des doctrines métaphysiques qui, pour être traitées utilement, doivent embrasser l'ensemble des choses et donner la solution de tous les problèmes sur Dieu, l'homme et l'univers. Cela comprend un système complet dont il faut renvoyer la publication à des jours meilleurs ; ce n'est ici ni le temps ni le lieu. Mais si l'on veut asseoir les sociétés humaines sur leurs véritables bases, il est nécessaire de poser quelques notions élémentaires sur la nature de l'homme.

Et d'abord que faut-il entendre par le mot BONHEUR ? Ce n'est pas, comme l'a pensé un de nos célèbres contemporains (1), « un état qui serait tel que nous en désirassions la durée sans changement. » Car cet état serait, ainsi que l'auteur le démontre lui-même : « Le repos, l'inertie, la mort. » Non, le bonheur, c'est au contraire le mouvement, c'est la vie.

Dieu doit être parfaitement heureux ; l'on ne comprendrait pas que ce pût être autrement. Or, le simple bon sens a depuis longtemps fait justice de ce ridicule état d'immobilité et de contemplation de soi-même que l'on a voulu attribuer au Créateur. Dieu est tout amour ; il enfante sans cesse parce que sans cesse il conçoit. Si, comme on ne cesse de le dire, il y a unité et harmonie dans la nature, la même loi d'activité doit régir tous les êtres qui composent le grand Tout. Pour chacun de ces Êtres le bonheur est relatif à sa nature ; il consiste dans la satisfaction complète de tous ses besoins ; il est dans la parfaite conformité des vocations et des fonctions. Pour que le bonheur existe il faut que l'être puisse se mouvoir librement et complétement dans toute l'étendue de sa sphère particulière.

Or, l'homme n'est pas composé d'une substance unique. Il n'est pas seulement ou un esprit, ou une âme, ou un

(1) Pierre Leroux.

corps, il est tout cela à la fois. Fait à l'image de Dieu, ainsi qu'on le répète tous les jours sans le comprendre, il est triple dans son être. Comme lui, il est en même temps matière, vie ou âme et esprit. L'homme a donc des facultés physiques, physiologiques, morales et intellectuelles. Chacune de ces facultés doit être exercée dans l'ordre de fonction qui lui est propre. Ce sont des besoins, et c'est dans la satisfaction de ces besoins que gît le bonheur de l'homme, parce que c'est l'accomplissement des lois de sa triple nature, et que, par là, son existence est conforme à sa destinée.

Mais, dit-on, cela même n'est pas le bonheur. Cet état est accessible à Dieu, sans doute, parce que Dieu est éternel; mais fût-il possible à l'homme de satisfaire complétement ses besoins de toutes sortes, ce bonheur serait toujours empoisonné par l'idée de la mort, qui rend tout périssable en nous et autour de nous.

L'objection peut sembler juste aux méchants, ils redoutent la mort comme le terme fatal où ils expieront leurs crimes; mais bien loin de troubler le bonheur des justes, l'idée de la mort en est le complément nécessaire.

En effet, pour nous la mort n'existe pas. Rien de ce que Dieu a fait ne meurt, car ce serait la mort d'une partie de lui-même, et il ne peut finir. La matière elle-même ne périt pas; elle se transforme. La science de la chimie démontre qu'il ne s'en perd pas un atome. Ce que l'on appelle la mort n'est qu'une transformation, et cette transformation est encore un moyen nécessaire pour accomplir nos destinées éternelles. Comme le papillon sortant de sa chrysalide, l'homme ne fait que passer d'un état à un autre, et jusque dans la mort, ce qu'il trouve c'est encore la vie. Si la mort contient de mystérieuses terreurs pour le méchant qu'elle menace de replonger dans un monde plus mauvais, elle ouvre à l'homme juste des horizons pleins d'une douce espérance, et nous pouvons dire avec le poète :

> Je te salue, ô mort, libérateur céleste ;
> Tu ne m'apparais point sous cet aspect funeste,
> Que t'a souvent prêté l'épouvante ou l'erreur.
> Ton bras n'est point armé d'un glaive destructeur,
> Ton front n'est point cruel, ton œil n'est point perfide ;
> Au secours des douleurs un Dieu clément te guide.
> Tu n'anéantis pas, tu délivres. Ta main,
> Céleste messager, porte un flambeau divin.
> Quand mon œil fatigué se ferme à la lumière,
> Tu viens d'un jour plus pur inonder ma paupière ;
> Et l'espoir, près de toi, rêvant sur un tombeau,
> Appuyé sur la foi m'ouvre un monde plus beau.

Intimement pénétré de cette vérité, lorsque l'homme pourra se mouvoir dans un milieu social où il ne sera pas constamment mis aux prises avec l'esprit du mal, la mort n'aura plus rien de redoutable ni pour lui-même ni pour ceux qui lui sont chers.

L'on poursuit et l'on dit : Ce bonheur n'est donc pas réservé aux hommes ici-bas, puisque vous le reléguez dans le ciel. Alors vous faites reculer le monde jusqu'aux erreurs théologiques du moyen âge. C'est nous ramener au suicide moral de la vie dévote.

Non, le bonheur doit être ici même. Il est virtuellement sur la terre comme au ciel ; et il y est pour tous, à tous les âges de la vie terrestre. Il est dans l'enfance et dans l'adolescence, comme dans l'âge viril et la vieillesse. Cela résulte de la définition que j'en ai donné. Le bonheur, ai-je dit, est dans l'exercice complet de nos facultés, dans la satisfaction de nos besoins. Il ne s'obtient donc pas de la même manière à chaque époque et dans les diverses phases de l'existence ; mais il est toujours parfait si nous pouvons accomplir les fonctions qui sont spéciales à l'âge, au temps et au lieu où nous sommes. L'enfant ne comprend pas les plaisirs de l'âge mûr ; l'adolescent ne comprend pas les plaisirs de la vieillesse ; l'homme n'ambitionne même pas les félicités célestes. Chacun ne connaît et ne désire que le bonheur attribué à son état présent ; et s'il convoite les jouissances des autres états, c'est qu'il n'est pas satisfait dans ses besoins du moment. Offrez à l'enfant d'échanger ses jeux contre les plaisirs du vieillard, ou à l'amant heureux d'abandonner les délices de l'amour pour participer aux joies quelquefois ineffables de l'artiste ou du savant, pas un n'y consentira.

Un grand nombre de systèmes ont été produits sur le bonheur. Tous se classent plus ou moins exactement dans deux catégories principales, celle des spiritualistes et celle des matérialistes. Les uns n'ont vu dans l'homme que l'esprit ou l'âme, toujours confondus et pris indifféremment l'un pour l'autre ; ceux-ci n'y ont trouvé que la matière ; et selon qu'ils se sont attachés à l'un ou à l'autre, les philosophes ont recherché les moyens de satisfaire exclusivement les seuls besoins qu'ils découvraient dans la nature humaine. Il est évident qu'ils ne pouvaient trouver la solution de ce grand problème dans des systèmes aussi imparfaits.

Les hommes qui ont voulu se laisser guider par ces fausses lumières, se sont aussi rangés dans l'une ou l'autre de ces écoles particulières, selon les tendances prédominantes de leur nature. Les uns se sont livrés aux plaisirs des sens, et ont tout sacrifié à la matière : sentiments, affections, dignité, honneur, gloire, conscience, pour s'abandonner aux excès d'une existence purement brutale. Les autres se sont attachés exclusivement aux jouissances de l'âme. Ceux-ci ont demandé aux passions affectives la satisfaction de tous leurs besoins et ont sacrifié à leurs sentiments la gloire et la fortune. Ceux-là, au contraire, ont voulu étouffer en eux, comme un obstacle à leur bonheur, tout ce qu'ils appellent les faiblesses de notre nature, pour vivre dans les abstractions d'un stoïcisme homicide. Tous n'ont trouvé que déceptions et douleurs parce qu'ils ont scindé leur être, ils ont méconnu une partie de leurs facultés, et la nature mutilée n'a cessé de revendiquer ses droits.

Enfin, le grand nombre a toujours obéi, en dépit des sophistes, aux impulsions de la nature. Chacun cherche à satisfaire ses besoins de toutes sortes, par les moyens qui sont à sa portée. Malheureusement l'ancien ordre social, en opposant sans cesse des entraves au libre essort de l'activité humaine, a jusqu'ici placé les hommes dans la nécessité de recourir à des expédients ou coupables ou inefficaces. Au lieu de combiner et d'harmoniser les intérêts et les sentiments sous l'empire du fécond principe de la solidarité, les lois positives ont institué l'individualisme ; elles ont organisé la haine et la guerre ; elles ont rendu l'égoïsme nécessaire. A défaut de providence sociale, l'homme, abandonné à lui-même, livré à ses propres ressources, a été obligé de songer à ses intérêts particuliers devenus contraires à l'intérêt général, et s'est fait nécessairement l'ennemi de ses frères. Si l'on ne veut pas mourir dans la misère, seul au milieu d'un monde indifférent ou hostile, — pour le pauvre, vaste désert d'hommes, suivant la belle expression de Châteaubriand,

— il faut se procurer exclusivement, au préjudice des autres, les choses nécessaires à la vie, non seulement pour soi, mais encore pour les siens ; il faut acquérir, échanger, conserver et transmettre.

Mais comment échanger des choses qui n'ont entre elles aucun point de comparaison? Comment compenser les biens intellectuels et moraux avec les objets matériels, et ceux-ci entre eux? Le troc primitif a bientôt fait place à des procédés plus commodes ; on a cherché un signe représentatif de la valeur des choses : la monnaie a été inventée. Et ainsi l'on a perfectionné, c'est-à-dire aggravé la cause du mal au lieu de la détruire. La monnaie représentant toute chose, tout s'est pesé au poids de l'or : biens matériels, affections, sentiments, honneur, probité, science, arts, talents, vertus, tout s'est vendu; et pour subvenir aux nécessités de la vie, il a fallu se procurer à tout prix de l'argent. Aujourd'hui c'est là le but de presque toutes les actions.

Vainement les moralistes ont voulu faire appel aux sentiments généreux; vainement ils ont recommandé le désintéressement, le mépris des richesses. La nature ordonne à l'homme d'être heureux et elle met à sa disposition les moyens nécessaires pour accomplir cette loi impérative ; d'autre côté, la loi civile le condamne à lutter sans cesse pour arracher, par lambeaux, sa portion du patrimoine commun ; il ne pourrait y renoncer qu'à la condition de souffrir et de mourir dans les privations ; il ne peut s'y résoudre, et, pour acquérir des biens propres, pour se procurer des jouissances qui ne peuvent être qu'exclusivement égoïstes, sa vie est un long combat! Au lieu de prêcher le mépris des richesses, il serait beaucoup mieux de les rendre inutiles...

Cet ordre social contre nature est la cause de tous les

maux qui pèsent sur le monde. Le système de l'individualisme et de la division des intérêts a transformé la terre en un vaste champ clos où les hommes se livrent une guerre acharnée. Les facultés inégales remises à chacun pour la réalisation du bonheur général, transformées en armes de guerre, sont consacrées à la défense de l'intérêt particulier, et deviennent, entre les mains des forts, des moyens d'oppression contre les faibles. Et en vertu de la loi de solidarité qui unit les hommes en dépit d'eux-mêmes, tous souffrent de cet état de choses ; riches et pauvres, grands et petits, tous sont malheureux. Seulement, il y a entre eux cette différence, remarquée déjà par J.-J. Rousseau, que « les maux du peuple sont « l'effet de la mauvaise constitution de la société, et que « les grands, au contraire, ne sont malheureux que par « leur faute. »

L'ORGANISATION SOCIALE, telle doit donc être la constante préoccupation des hommes qui s'occupent du bonheur général de l'humanité. Le mal provient de là, c'est là qu'il faut appliquer le remède. Il faut rechercher les vices de nos institutions et y porter hardiment, mais d'une main habile, le scalpel de la science. Le créateur a tout préparé pour cela. A côté de chaque besoin il a donné les choses nécessaires pour le satisfaire, avec les instruments pour les mettre en œuvre. A nous de savoir nous en servir. Pour être heureuse l'humanité n'a qu'à le vouloir.

Chacun doit, dans la mesure de ses forces, concourir à cette transformation. Je viens soumettre ici les moyens qui me semblent propres à ce résultat.

CHAPITRE III.

De la Fraternité.

Des principes posés précédemment, il résulte que la famille et la société, en général, ont une origine identique ; qu'elles sont l'une et l'autre fondées sur les mêmes bases. La famille et la société politique sont donc une seule et même chose sous deux aspects différents, comme l'enfance et la virilité sont deux phases de la même vie. Régies par un principe unique, elles sont destinées à se confondre sous les mêmes lois organiques pour ne former qu'une seule société, la grande famille humaine.

En effet, tous les hommes sont enfants du même Dieu ; tous sont créés à son image sur le même type physique, physiologique et intellectuel. Donc ils sont tous frères, comme sont frères tous les fils d'un même père. La fraternité humaine est un fait primitif, indépendant de notre volonté. Elle est indélébile. Elle existe, nonobstant les sentiments dont les hommes peuvent être animés les uns à l'égard des autres.

L'on entend ordinairement, par ce mot *Fraternité*, une vertu qui porte l'homme à aimer son semblable, à lui faire du bien, à le secourir, le soulager dans le malheur. En conséquence on lui fait un devoir de la pratiquer : il faut, dit-on, de la fraternité entre concitoyens. Et les républicains l'ont placée au dernier rang dans la devise de la France, comme le résultat de ses deux autres termes. Dans leur programme politique, les rédacteurs du journal *le Proscrit* placent au nombre de leurs articles de foi « la Fraternité, sans laquelle la Liberté et l'Égalité « ne seraient que des *moyens* sans *but*. »

Cet ordre n'est pas rationnel ; il n'est pas logique. Et ce simple défaut de méthode entraîne des conséquences dont on n'aperçoit pas la cause, mais qui ont été fatales au parti populaire. La vertu ainsi définie n'est pas la Fraternité, c'est la charité, et la charité n'est guère pratiquée, parce que de même que toutes les vertus, elle suppose le sacrifice, et que les hommes, nés pour être heureux, ne veulent pas souffrir. Aussi, quoique les républicains, inspirés par la foi, soient en général beaucoup plus dévoués que leurs adversaires, guidés par le seul intérêt, ceux-ci peuvent tout à leur aise se rire de la fraternité et tourner en dérision la République appuyée sur cette rare vertu ; il ne leur est pas difficile de démontrer que le plus souvent la Fraternité n'est qu'un vain mot, et de soutenir, avec les faits, que la Liberté et l'Égalité n'existent pas davantage pour l'homme sur notre terre.

Selon moi, la devise républicaine doit être formulée ainsi :

FRATERNITÉ, ÉGALITÉ, LIBERTÉ.

Autrement elle ne renferme que des mots vides de sens, et d'une réfutation facile.

La Fraternité, en effet, n'est pas une vertu ; c'est un principe. Elle n'est pas une maxime de morale ; elle est une règle de droit. Elle n'est pas un sentiment, une passion affective ; elle ne signifie pas bienveillance, charité, dévouement, amour de ses semblables ; elle est l'expression de ce fait que les hommes sont tous enfants du même père, Dieu, doués de la même nature, pétris de la même essence. Et, je le répète, ce fait est nécessaire, indépendant de la volonté de l'homme. Il est indestructible. Il existe quels que soient d'ailleurs les sentiments de sympathie ou d'antipathie, d'attrait ou d'aversion, d'amitié ou de haine qui règent entre les hommes. Il ne leur est pas plus possible de l'éviter qu'il n'est possible aux fils d'un même père de n'être pas frères. Et les divisions de classes, de castes, de nationalités ou de couleur, les différences provenant de la naissance, de la fortune, de l'instruction, des professions, ne peuvent point détruire ce fait, pas plus que les inimitiés survenues entre les enfants d'un même père, ou leurs différences de bonté, de beauté, de force, d'intelligence, ne peuvent détruire le lien de consanguinité qui les unit. Il y a plus, un honnête homme et un scélérat, un républicain et un royaliste, malgré leurs différences de probité et d'opinion; le geôlier et le prisonnier, le juge et le condamné, le bourreau et sa victime, quelques divergences qui les divisent, sont tous frères et ne peuvent cesser de l'être.

L'amour ne se commande pas, il s'inspire. Recommander la charité aux hommes, est très louable assurément; mais cela ne conduit pas le monde bien loin. Depuis cinq mille ans, les moralistes la prêchent sur tous les tons, et pourtant elle n'est guère pratiquée que par les rares hommes d'abnégation qui n'ont pas besoin qu'on la leur enseigne. C'est que chacun veut être heureux. Or, la charité individuelle, sans institutions qui la réalisent collectivement, suppose le dévouement, le sacrifice, par conséquent la souffrance; il faudrait changer la nature humaine pour la plier à ces mœurs factices.

Mieux vaut mettre en harmonie, avec cette nature humaine, le milieu social dans lequel elle se meut. Au lieu de perdre son temps en sermons inutiles, que n'observent pas même ceux qui les débitent, il faut organiser la société sur sa véritable base, celle de la Fraternité. Il faut, par des institutions conformes à ce principe fondamental, la réaliser dans ses conséquences pratiques ; établir entre les hommes les rapports qui doivent exister entre des frères ; unir leurs sentiments et concilier leurs intérêts. En harmonisant les relations sociales, on fera disparaître les causes de division et de haine qui transforment les frères en ennemis, comme cela se produit dans la petite famille, lors de la séparation des intérêts par le partage du patrimoine commun ; et ce qui a fait dire, hélas ! avec trop de raison : *Homo, homini lupus.*

Ainsi se vérifiera cette parole du Christ : « Vous n'a-
« vez qu'un père qui est Dieu, et vous êtes tous
« frères. »

Ainsi s'accomplira cette autre maxime du maître :
« Vous êtes tous ensemble en un seul. »

Ainsi sera appliqué ce précepte sublime : « Aimez-vous les uns les autres comme des frères. »

CHAPITRE IV.

De l'Égalité.

La première et la principale conséquence du principe de la fraternité est le dogme de l'Égalité.

Si tous les hommes sont frères, ils sont tous égaux en droits et en devoirs. Il n'y a aucune raison pour créer entre eux des inégalités qui n'existent pas dans la nature humaine. Dieu est un bon père qui répartit équitablement les jouissances à tous ses enfants. Au grand banquet de la vie, chacun a sa place assignée. Prétendre qu'il y a des réprouvés et des élus à cette communion sociale, ce serait nier ou la justice de Dieu ou son intelligence; ce serait lui supposer ou des caprices incompatibles avec sa nature infinie, ou un défaut d'harmonie entre les besoins de la créature et les ressources de la création. De même que dans la petite famille domestique, dans la grande famille humaine, il n'existe point de droits d'aînesse ni de masculinité, il n'y a point de bâtards. Et si le malheur règne en maître sur la terre, c'est l'homme qui l'y a lui-même intronisé, en instituant la loi de l'inégalité.

Dans un autre ordre d'idées, l'Égalité est parfaitement conforme à la raison. L'état social est le résultat du concours de toutes les forces humaines nécessaires pour que chacun puisse accomplir sa destinée. L'action productrice de chaque individu est déterminée par les facultés que la nature lui a données; et sa part dans les produits lui est assignée par les besoins qu'elle a mis en lui. Le concours des uns est aussi utile que celui des autres. Par cela seul qu'ils existent, tous sont également indispensables à l'harmonie sociale, de même que tous les rouages d'une machine savamment organisée sont également nécessaires, quelles que soient leurs dimensions respectives. Par conséquent, chacun doit apporter à l'œuvre commune le tribut de ses forces particulières, et en même temps chacun doit participer aux avantages sociaux selon ses besoins, comme les rouages de la machine que j'ai prise pour exemple, reçoivent du moteur commun la force d'impulsion qui leur est nécessaire. Ainsi dans le sein de la petite famille, administrée sagement, chaque membre apporte le produit de son industrie ; le résultat de tous ces travaux forme une masse qui compose la fortune patrimoniale, et chacun prend à la table paternelle les aliments qu'exigent ses goûts et ses appétits.

Entre les hommes il y a donc égalité de devoirs, proportionnelle aux facultés et égalité de droits proportionnelle aux besoins. Et cette part d'attributions faite à chacun n'a rien d'arbitraire ; elle n'est pas fixée par une autorité quelconque, elle est déterminée par la nature particulière de celui qui en est l'objet. Elle n'a d'autres limites que celles de ses besoins et de ses facultés, développées spontanément et librement dans toute leur étendue.

Sur quoi donc peut-on fonder l'inégalité entre les hommes ? A quelle titre les uns sont-ils plus que les autres? En vertu de quel droit existe-t-il des rois et des sujets, des maîtres et des esclaves, sous quelque nom d'ailleurs qu'on les désigne? Pourquoi attribuer aux uns toutes les jouissances, et imposer aux autres toutes les peines dont se compose actuellement la vie sociale? Tous les maux dont le genre humain est affligé viennent de là; il faut sans doute de puissantes raisons pour justifier un état si déplorable. Quels sont ces motifs? Est-ce parce que les hommes ont plus de forces ou d'intelligence les uns que les autres? Mais ces attributs ne confèrent point de droits, ils imposent des devoirs. Ce sont des instruments confiés à l'homme par la Providence, et dont chacun doit faire, dans l'intérêt social, un usage conforme à leur destination. Les grandes capacités n'attribuent point de droits; de même que les grands besoins n'imposent point de devoirs. Entre ces termes : forces et droits, et entre ceux-ci : besoins et devoirs, il n'y a aucun rapport logique. Souvent celui qui peut le moins, tel que l'enfant, le vieillard, est celui qui a le plus de besoins, et, d'autre part, celui qui possède le plus de forces créatrices, est quelquefois celui qui éprouve le moins de besoins.

Mais, dit-on, l'égalité n'existe nulle part dans la nature. Il est impossible de rencontrer jamais deux hommes, deux espèces, deux objets parfaitement identiques. Tous les hommes diffèrent de formes, de forces, d'intelligence, de capacités. Voyez un arbre, examinez-en les branches, les feuilles, les fleurs, les fruits, vous n'en trouverez pas deux semblables. Dieu a mis partout la diversité et la variété; l'Égalité est donc une chimère.

Non; car c'est précisément de cette diversité que naît l'égalité. Et pour nous servir de la même comparaison, nous disons aux partisans de l'inégalité : Voyez cet arbre; pas une de ses branches, pas une de ses feuilles n'est exactement semblable aux autres feuilles, aux autres branches ; vous ne trouverez pas deux fleurs, deux fruits parfaitement égaux entre eux dans leurs formes et dans leurs couleurs. Cependant branches, feuilles, fleurs et fruits, tous reçoivent la même nourriture, tous s'alimentent à la même sève, et chacun en prend ce qui lui est nécessaire.

Il en est de même entre les hommes. Chaque membre de la famille humaine a reçu de la nature des forces, de l'intelligence, des passions, des capacités et par conséquent des aptitudes diverses. Et malgré cela, ou plutôt à cause de cela, tous les hommes sont égaux en droits et en devoirs. On ne saurait trop le répéter, car ceci est capital : chacun doit rendre à la société proportionnellement à ce qu'il a reçu de Dieu. Celui qui a peu reçu doit rendre peu ; celui à qui il a été beaucoup donné doit rendre beaucoup. C'est cette vérité que l'Évangile enseigne sous la forme saisissante de la parabole des dix talents. L'homme doit utiliser ses facultés sous peine de les perdre ; elles se développent par l'usage que l'on en fait, et elles s'atrophient dans l'inaction. « Car, on donnera à « celui qui a déjà et il sera dans l'abondance ; mais celui « qui n'a rien, on lui ôtera même ce qu'il semble avoir (1). » Par conséquent chacun a droit aussi à une part de la rémunération sociale dans la mesure de ses besoins. En faisant ce que l'on peut, on fait ce que l'on doit ; et que les ouvriers arrivent tôt ou tard dans la vigne du Seigneur, ils ont tous droit à la même récompense.

Cette diversité d'aptitudes est nécessaire. Elle est la condition de l'existence des sociétés. Elle est le moyen de

(1) Saint Matthieu, ch. XXV.

réalisation de la famille humaine et de l'ordre social fondé sur la fraternité. Elle est la preuve que cet ordre est dans les desseins de Dieu ; et elle atteste ainsi l'admirable sagesse qui préside à la création des mondes.

J'ai démontré qu'il n'est pas possible à l'homme isolé de faire tous les travaux scientifiques, industriels et artistiques indispensables aux besoins matériels et moraux de la vie ; que les hommes sont dans la nécessité de se réunir en société pour s'aider et se compléter les uns par les autres dans l'association de toutes leurs forces particulières, et que la société ne peut exister qu'à la condition que tous les travaux s'effectuent pour satisfaire aux besoins de l'homme.

Or, la destinée de l'homme, telle qu'elle lui est clairement indiquée par toutes les aspirations de son être, est le bonheur. Il est donc indispensable que chacun soit doué de capacités différentes ; car si tous avaient reçu de la nature les mêmes aptitudes, tous auraient les mêmes vocations spéciales, par conséquent tous voudraient faire les mêmes choses ; les autres travaux nécessaires à la vie sociale ne pourraient être effectués que par la contrainte et la souffrance, comme cela se pratique aujourd'hui, et le monde serait condamné éternellement au régime des maîtres et des esclaves.

Mais si tous les travaux sont également utiles à la satisfaction des besoins de l'homme, s'ils sont tous également nécessaires à la vie sociale, il en résulte que toutes les vocations sont également indispensables, et par conséquent, en consacrant à la société le tribut de leurs facultés spéciales, les hommes ont tous un mérite égal. Cette différence de capacité ne constitue pas l'inégalité de droits ; elle implique, au contraire, ainsi que je viens de le démontrer, l'égalité proportionnelle. Encore une fois, la supériorité d'intelligence, de même que la supériorité de forces musculaires, n'attribue aucun privilége, elle commande plus de devoirs, ou plutôt elle détermine l'exécution de plus grands travaux, car, dans leur exercice attrayant, le devoir même disparaît.

Le mérite de l'homme ne réside pas dans les éléments qui constituent son individualité propre, pas plus que dans les hasards de la naissance ou de la fortune. Aujourd'hui déjà l'on reconnaît que l'enfant qui naît dans la famille d'un prince ou d'un riche, n'a pas plus de mérite que le fils du prolétaire. Les mêmes préjugés ont disparu aussi en ce qui concerne la supériorité des forces physiques. L'on est généralement d'accord, maintenant, que ce que l'on appelle un hercule ne puise dans ses muscles aucun droit de suprématie sur ses semblables moins bien doués que lui sous ce rapport. Il en est de même des forces intellectuelles. Celui qui a reçu de la nature de plus grandes capacités n'a point de supériorité sur celui qui en a moins ; pas plus que celui qui est doué d'un plus grande puissance physique n'a d'autorité sur lui. C'est un instrument que le Créateur a remis entre ses mains ; son seul mérite consiste dans l'usage qu'il en fait ; et un artisan, un laboureur, un manœuvre ont autant de droits à la considération publique et aux avantages sociaux qu'un poète ou un savant.

Sans doute, dans l'état social actuel, celui qui, par un travail opiniâtre, développe ses forces naturelles et acquiert par lui-même une instruction que la société doit à tous, mais qu'elle lui a refusé, celui-là possède un mérite relatif. Mais ce mérite ne gît pas dans l'espèce et l'étendue de ses facultés ; il résulte des efforts qu'il a faits pour les cultiver et des souffrances qu'il a éprouvées dans ses combats solitaires, quelquefois héroïques, contre les difficultés et les obstacles qu'une société marâtre lui a opposés.

Et encore, ce mérite relatif dépend de l'usage que l'homme fait des facultés ainsi développées. S'il n'a eu en vue que son avantage personnel, il ne doit pas être glorifié dans ses œuvres. Lorsque l'homme se livre à des travaux pénibles dans le but de se créer un bien-être égoïste, on peut reconnaître chez lui de la prudence, un calcul bien entendu; ce n'est pas du mérite. Il y a plus, s'il jouit exclusivement du produit de ses capacités, il doit être méprisé comme un être nuisible à ses semblables ; c'est l'arbre stérile dont parle l'Évangile. Mieux que cela encore, c'est un être parasite qui vit aux dépens de la société ; car, seul, il lui serait impossible de se suffire à lui-même, par conséquent il en reçoit plus qu'il ne lui donne. Que doit-ce donc être quand, bien loin de consacrer à la société le tribut de ses forces supérieures, l'homme en abuse pour usurper sur elle une autorité despotique ? La conscience publique flétrit du nom de lâches ceux qui abusent de leurs forces musculaires, pour frapper un être plus faible, une femme ou un enfant; quel nom donnera-t-on à ceux qui, au moyen de leur supériorité intellectuelle, oppriment le genre humain, réduisent leurs frères à l'esclavage de l'ignorance et de la misère, et les plongent dans le malheur avec les armes mêmes destinées à la défense commune !

Concluons de ce qui précède que l'on ne doit reconnaître aucune espèce d'aristocratie, pas plus celle du talent ou du génie, que celle de la force brutale, de la naissance, de la fortune ou des fonctions.

CHAPITRE V.

De la Liberté.

L'Égalité est fondée sur la Fraternité ; elle a pour corollaire et pour sanction la Liberté.

Puisque les hommes sont égaux entre eux, il en résulte qu'ils sont libres. Sans la Liberté, l'Égalité ne serait point possible; elle dégénèrerait en despotisme. La Liberté est donc tout à la fois la condition et la conséquence de l'Égalité.

La Liberté est le *droit* qui appartient à l'homme d'exercer à son gré toutes ses facultés.

En principe elle est absolue. Pour qu'elle soit, il faut qu'elle n'ait aucune limite; dès qu'elle est bornée, ce n'est plus la Liberté. Elle doit intervenir dans toutes les relations sociales et présider à tous les actes de la vie. Si l'homme ne peut se mouvoir spontanément dans sa sphère d'action, s'il ne peut développer et exercer librement ses capacités dans toute leur étendue, la Liberté n'existe pas. Dès que la volonté éprouve une entrave quelconque, provenant, soit des choses elles-mêmes, soit des circonstances, soit d'une volonté extérieure, il n'y a plus Liberté. Avec elle l'Égalité disparaît, et sans l'Égalité il n'est point de bonheur possible.

Dans une association intégrale, tout doit se faire librement, spontanément, par attrait. La volonté de l'homme ne doit point être dominée même par les intérêts. L'obligation, la contrainte, le devoir transforment tout, et rendent amères les choses les plus agréables. Relations familiales, union des sexes, travail, toutes choses dans lesquelles l'homme doit trouver le bonheur, deviennent, par la contrainte, les causes de son supplice.

Dans une société bien organisée, nul n'a le droit de commander. Aucun des associés n'est supérieur aux autres. Les hommes chargés de l'administration de la chose publique n'ont d'autres pouvoirs que ceux qui leur sont attribués par leurs concitoyens, par leurs égaux ; pouvoirs essentiellement temporaires et révocables.

La Liberté a été la conquête de 1789. Le tiers-état, classe moyenne composée d'hommes enrichis par l'industrie et le commerce, possédait l'instruction et les instruments de travail. Il avait les moyens d'action, mais il n'en avait pas la faculté ; il avait le pouvoir d'agir, il voulut en avoir le droit ; et, à l'aide du peuple, il conquit violemment la Liberté sur l'aristocratie nobiliaire, alors déjà tombée dans une profonde décadence. Sous la Restauration, c'était encore cette Liberté que la bourgeoisie revendiquait contre la réaction féodale ; mais elle ne voulait pas autre chose, la Liberté seule lui suffisait : elle possédait le moyen de la pratiquer. *Laissez faire, laissez passer :* ces mots contenaient toute sa doctrine. *Chacun pour soi, chacun chez soi*, voilà sa morale. Sa devise fut : *Liberté, ordre public ;* c'est-à-dire, Liberté pour nous qui pouvons en jouir, compression pour les autres qui ne peuvent en user.

Ce système de Liberté exclusive, pour lequel les prolétaires avaient combattu sans en comprendre la portée, a été la source d'où sont sortis d'incalculables malheurs.

« Si l'on me demandait, s'écrie avec une éloquence « amère le grand artiste du socialisme, Louis Blanc, si « l'on me demandait quel est le mot dont on a le plus « abusé dans notre civilisation moderne, celui qui a le « mieux servi à masquer l'oppression et à déjouer le « désespoir de ses victimes, je répondrais : c'est le mot « LIBERTÉ.

« De ces deux hommes, faits tous les deux, dit-on, à « l'image de Dieu, le premier vend sa vie, oui, la vie « même, et le second l'achète : laissez passer la Liberté « des transactions !

« Schylock, un contrat dans une main et un couteau « dans l'autre, va tailler dans la poitrine de son débiteur « Antonio la livre de chair convenue : laissez passer la « Liberté du capital !

« La concurrence donne la nature inanimée pour rivale « à la nature qui pense, qui sent et qui souffre ; elle « remplace par le travail d'une machine, qui n'a jamais « faim, celui d'un être vivant qui meurt si l'emploi « manque ; elle montre, à la place de l'homme disparu, « une machine qui tourne : laissez passer la Liberté de « l'industrie !

« La Bourse est ouverte : laissez passer la Liberté de « l'agiotage !

« Mais que ce malheureux au visage pâle n'invoque « pas la pitié du passant ; que ce prolétaire sans asile « ne s'endorme pas sur le pavé entre deux rangées de « palais vides : est-ce qu'on laisse passer la Liberté de « la misère ?

« Dieu en soit loué ! on n'est pas encore parvenu à « s'approprier exclusivement les rayons du soleil. Sans « cela on nous aurait dit : « Vous paierez tant par mi-

« nute pour la clarté du jour, » et le droit de nous plonger dans une nuit éternelle on l'aurait appelé Liberté !

« O Liberté ! Liberté !!! Déesse des cœurs fiers, que de tyrannies se sont donné carrière en se couvrant de ton nom (1) ! »

Oui, cela est horriblement vrai; l'espèce de licence, appelée Liberté, que l'on rencontre dans l'ancien ordre social, n'appartient qu'à ceux qui possèdent; elle est la consécration du droit du plus fort, et ainsi le beau nom de Liberté cache la plus odieuse tyrannie, celle des choses, la tyrannie de la matière. Pour le prolétaire, la Liberté, c'est le droit de mourir de faim! Aussi ce mot a-t-il donné lieu à de vives controverses, même parmi les républicains. Essayons de lui rendre sa véritable signification.

Frappés des abus monstreux d'une telle doctrine, les démocrates ont cherché à modifier la notion de la Liberté. Quelques-uns même, au nom du principe non moins sacré de l'Égalité, l'ont niée complétement. Babœuf et son école l'excluent de leur société idéale des *Égaux;* sans la rejeter, d'autres la modifient. Voici comment l'a définie l'auteur de la *Déclaration des droits de l'homme :*
« La Liberté est le POUVOIR qui appartient à l'homme « d'exercer à son gré toutes ses facultés. »

Ainsi niée ou défigurée par ses défenseurs naturels, il a été facile aux champions du privilége de soutenir une thèse fausse et de perpétuer une doctrine au fond de laquelle se trouve la plus révoltante iniquité.

Il est bien vrai, comme le dit Robespierre, que l'homme

(1) *Le Nouveau Monde*, n° du 15 juillet 1850.

doit avoir non seulement le *droit,* mais encore le *pouvoir* d'exercer à son gré toutes ses facultés. Mais cette définition n'est pas celle de la Liberté. La Liberté en elle-même est un principe négatif. Elle ne donne pas le moyen d'agir ; elle est l'absence d'entraves aux actions de l'homme. En ce sens, les partisans du *laissez faire* ont raison. Est-ce donc tout? Non! Le droit est inutile sans le pouvoir. Or, ce pouvoir que l'on ajoute ainsi au droit, c'est un effet du principe d'Égalité, qu'il faut bien se garder de confondre avec la Liberté. Pour éviter dans les idées une confusion qui donne de grands avantages aux ennemis du Progrès, il faut distinguer deux choses parfaitement distinctes ; laisser à chacun des deux principes ses caractères propres, mais démontrer qu'ils sont inséparables dans leur application. Oui, la Liberté est purement négative ; mais seule et sans l'Égalité, c'est la plus grande calamité qui puisse affliger un peuple. C'est le triomphe de l'individualisme ; c'est le règne de l'anarchie ; comme l'Égalité sans la Liberté est le règne du despotisme, c'est-à-dire que ce n'est plus l'Égalité.

Il est un point cependant sur lequel amis et ennemis sont d'accord : c'est que la Liberté ne peut être absolue. Les uns veulent la limiter dans l'intérêt d'une classe, de celle qui en profite ; les autres veulent la limiter dans l'intérêt général, afin qu'elle ne s'exerce pas trop durement sur ceux qui ne peuvent en jouir. Mais tous lui posent des bornes qu'elle ne peut franchir.

« La Liberté, dit Robespierre,...... a la justice pour « règle, les droits d'autrui pour bornes, la nature pour « principe et la loi pour sauvegarde. »

La nature pour principe.—Cela est parfaitement exact.

La Liberté et l'Égalité découlent de la Fraternité, qui est un principe puisé dans la nature elle-même.

Les droits d'autrui pour bornes. — Non, la Liberté, considérée en elle-même, n'a point de bornes. Dès qu'elle est bornée elle est détruite. On peut bien, alors, agir librement dans l'accomplissement de certains actes ou dans quelques circonstances déterminées, mais l'homme n'est pas libre. Si la Liberté n'est pas absolue, elle n'existe plus.

Du reste l'on comprend que nos constitutions politiques imposent pour limites aux droits qu'elles consacrent, « les droits ou la Liberté d'autrui, et la sécurité publique (1). » Dans un ordre social où l'Égalité serait réalisée complétement, il n'y aurait point de bornes à la Liberté; mais au temps où nous vivons, cela n'est pas possible. D'abord, au point de vue philosophique, l'homme est soumis aux lois de la nature et de la raison; et aujourd'hui les institutions humaines sont presque toujours différentes des lois divines. Aussi l'exécution des lois positives n'est-elle possible que par la contrainte et au milieu des souffrances. Mais l'organisation sociale vers laquelle nous tendons, en faisant disparaître les mobiles subversifs qui excitent l'homme à enfreindre continuellement les lois de son Être, l'affranchira de cette servitude morale, et lui rendra la plénitude de son libre arbitre. Sous un autre rapport, dans une société basée sur le principe de l'individualisme, les droits sont dans un état d'hostilité continuel; il est nécessaire de les circonscrire. Quand les intérêts sont divisés, ils ne peuvent rester indéterminés; ils se bornent les uns par les autres. Là où commence le

(1) Constitution de 1848, art. 8.

droit de l'un, finit celui de l'autre. Ma liberté étant différente de celle d'autrui, peut nuire à la sienne ; il est nécessaire de leur fixer un terme ; comme deux champs appartenant à deux propriétaires différents se confinent l'un par l'autre, et ont besoin de bornes séparatives pour arrêter les empiétements. Mais supposez qu'au lieu d'avoir des intérêts particuliers, contraires et par conséquent ennemis, les hommes aient tous des intérêts communs ; alors bien loin de s'exclure, la Liberté de chacun se multiplie de la Liberté de tous les autres ; elles ne si limitent pas, elles s'unissent et se confondent ; elles s'étendent indéfiniment ; elles n'ont d'autres bornes pour chaque individu, que celles de ses facultés. Ce qui revient à dire qu'elles n'en ont pas, car alors, les facultés s'exercent dans toute leur étendue ; il y a satisfaction complète ; aucun besoin ne se fait vainement sentir, et l'homme n'a pas même la pensée de désirer davantage, pas plus qu'une plante d'un genre particulier ne tend à accomplir le service d'une plante d'un autre genre ; pas plus qu'un oiseau du ciel n'éprouve le désir de vivre au fond des eaux.

Par la Liberté, l'homme a le *droit* d'agir ; l'Égalité organisée lui donne le *pouvoir* d'accomplir toutes les fonctions qui sont dans sa nature ; et plus ce pouvoir est grand, plus la Liberté de chacun est étendue, plus elle est utile à tous. Dans cet état, le bonheur de tous sera d'autant plus parfait que chacun aura une Liberté plus illimitée. La Liberté ne sera entravée ni par la Loi, ni même par les obstacles qui, en nous donnant dans le milieu social actuel des mobiles contraires à nos penchants naturels, exercent une pression morale sur notre volonté.

Par conséquent, la Liberté n'aura plus besoin d'être règlementée. Au lieu d'avoir — la Justice pour règle, — elle ne causera plus d'injustices, ce qui vaudra beaucoup mieux ; elle ne lèsera aucun droit, aucun intérêt, au contraire, elle les servira tous. Elle ne sera plus subversive ; elle produira l'harmonie sociale.

Donc aussi la Liberté n'aura plus besoin de sauvegarde. La loi sera inutile. Il n'existera plus, à proprement parler, de lois positives. Seule, la loi divine sera observée, parce que c'est la loi de notre être, et que l'homme n'obéira qu'à sa nature.

Cette opinion, je le sais, n'a guère trouvé jusqu'ici que des incrédules, même parmi les esprits les plus généreux. Elle n'est pas celle de l'auteur du *Contrat social.* « Ce « qui est bien et conforme à l'ordre, dit-il, est tel par la « nature des choses, et indépendamment des conventions « humaines ; toute justice vient de Dieu, lui seul en est « la source. » Mais il ajoute aussitôt : « Si nous savions « la recevoir de si haut, nous n'aurions besoin ni de gou« vernement, ni de lois. Sans doute, il est une justice uni« verselle, émanée de la raison seule ; mais cette justice, « pour être admise entre nous, doit être réciproque. A « considérer humainement les choses, faute de sanction « naturelle, les lois de la justice sont vaines parmi les « hommes ; elles ne font que le bien du méchant et le mal « du juste, quand celui-ci les observe avec tout le monde, « sans que personne les observe avec lui. Il faut donc « des conventions et des lois pour unir les droits aux de« voirs, et ramener la justice à son objet. Dans l'état civil « tous les droits sont fixés par la loi. »

Oui, parce que cet état civil n'est point conforme à l'état naturel. Et cela sera peut-être longtemps encore.

Tant que la société ne sera pas constituée sur ses véritables bases, il faudra des lois positives. Dans l'ordre social fondé sur l'individualisme et la concurrence, il est nécessaire qu'une autorité supérieure intervienne entre les hommes pour concilier les intérêts opposés de ceux qui possèdent. Il faut des tribunaux pour les faire respecter, et des gendarmes pour protéger les jouissances de ceux qui ont contre les désirs de ceux qui n'ont pas. Les droits individuels sont contraires; ils se circonscrivent les uns par les autres : il faut déterminer leurs limites. Pour que la guerre entre les intérêts ne devienne pas une guerre sanglante entre les personnes, il faut que des lois coercitives, extra-naturelles, viennent règlementer des droits civils contre nature. Autrement ces droits conventionnels n'auraient point de sanction. C'est ce qui existait au moyen âge entre les particuliers; c'est ce qui a lieu encore aujourd'hui entre les nations. L'établissement de tribunaux communs et d'une force publique nécessaire pour protéger des droits qui ne reposent que sur la force, a fait cesser la guerre permanente que se livraient les seigneurs du moyen âge, et qui avait fait imaginer le triste palliatif de la trêve de Dieu. Aujourd'hui les esprits les plus hardis ne voient point d'autre remède pour faire cesser la guerre entre les nations; et l'imitation de ce qui s'est fait pour les particuliers leur semble le dernier mot du progrès dans les relations internationales.

Au lieu d'établir des lois et des tribunaux communs, et de multiplier encore les replis déjà infinis de ce dédale inextricable de lois civiles où trop souvent s'égarent la raison et la justice, il faut chercher à les rendre inutiles en faisant disparaître les causes qui les nécessitent. Alors, l'on n'observera que la loi naturelle, elle apparaîtra aux yeux de chacun dans toute sa majesté, car, « ce qui est bien et conforme à l'ordre, est tel par la nature des choses et indépendamment des conventions humaines. » Il n'y a point d'autre ordre que celui-là. Si les lois civiles sont l'expression fidèle de la loi naturelle, elles sont inutiles, puisqu'alors, par ce seul fait, la loi naturelle est connue ; et l'on ne peut pas supposer que quand elle sera connue et appliquée, l'homme y désobéira, car elle est la loi de son être, c'est dans son observation qu'il doit trouver l'accomplissement de sa destinée, c'est-à-dire ce que tous cherchent incessamment : le bonheur ; et la sanction de cette loi sera dans la souffrance qui suivra son infraction. Si, au contraire, la loi divine n'est pas appliquée. les lois positives sont nécessairement mauvaises, puisqu'elles sont différentes ; et alors elles créent le mal ; l'homme n'y obéit que par nécessité, par contrainte ; il n'y a pas Liberté, il y a souffrance. Donc, si la loi humaine est conforme à la loi divine, elle est inutile ; si elle lui est contraire, elle est mauvaise ; dans l'un ou l'autre cas, elle doit disparaître pour faire place à la loi naturelle, qui seule contient le droit.

Toute justice vient de Dieu, dit-on ; lui seul en est la source. Mais nous ne savons la recevoir de si haut et nous sommes obligés de la demander aux hommes.

Pourquoi cela ? Si la loi divine était écrite sur des hauteurs inaccessibles aux hommes, pourquoi Dieu l'aurait-il décrétée ? Tant qu'une loi ne réside que dans le cerveau ou dans le portefeuille du législateur, elle est comme si elle n'existait pas ; elle ne devient loi que par sa promulgation. Comprend-on que Dieu ait fait des lois et qu'il ne les ait pas fait connaître à ceux qui doivent les observer ? — « Nous ne savons les recevoir de si haut ! » — Dieu est-il donc perché loin de nous, bien haut, dans un lieu déterminé? Non, et cette phrase, imitée de la théologie catholique, est ou une métaphore ou de l'anthropomorphisme. Par une vieille réminiscence de l'effroyable divinité des Hébreux, on se représente toujours Dieu comme une espèce de sultan cruel et jaloux, assis dans les nuages, sur un trône d'où il ne se manifeste aux hommes qu'au milieu des éclairs et du tonnerre, et où les faibles mortels ne peuvent faire parvenir que les hommages de la servitude et de la douleur. L'on se fait un Dieu pour ainsi dire de toutes pièces. On ne crée pas l'homme à l'image de Dieu, mais Dieu à l'image de l'homme, de l'homme dépravé par les institutions et les mœurs de la société, avec les qualités et les vices qui défigurent ce fils méconnaissable du créateur. L'on se figure un Dieu colère, despote, vindicatif, plein d'orgueil et de mépris, l'on en fait un objet de terreur superstitieuse pour les ignorants, et chaque fois qu'un fléau vient affliger les pauvres humains, l'on s'empresse de l'attribuer aux péchés du peuple et de l'imputer aux vengeances d'un Dieu qu'il faut se hâter d'apaiser en se prosternant, les mains pleines de présents, aux pieds de ses ministres et en se soumettant aux rois du monde, ses prétendus représentants sur la terre!

Cette manière de concevoir la notion de Dieu est une erreur profonde. Et d'abord la science a démontré que, dans le ciel, il n'y a ni haut ni bas. C'est déjà un pas de fait pour la solution de ce problème fondamental. Il faut donc abandonner des expressions impropres qui altèrent l'idée; ce ne sont plus que des figures de rhétorique, bonnes tout au plus à l'usage de la poésie. Il est temps de revenir à des notions positives sur Dieu. Ce théorème est le plus important de tous; il est la clé de toute véritable science sociale, et sa difficulté n'est pas une raison suffisante pour l'abandonner. Je l'ai déjà dit, je ne puis exposer ici une doctrine complète sur Dieu ; mais il est nécessaire d'énoncer à ce sujet quelques principes élémentaires dont la démonstration reste sous-entendue.

Or, Dieu est tout ce qui est. Il n'est pas dans chaque chose, chaque chose est en lui ; c'est lui-même. Il n'est pas tout entier ici où là, il ne se localise pas dans un objet déterminé, il est à la fois partout puisque tout est lui. La Matière est son corps, la Vie est son âme, l'Esprit son intelligence. Et cette trinité indivisible est infinie dans chacun de ces trois éléments. Dieu n'est pas un être hors de nous, il est tout, il contient tout ce qui existe. Nous sommes en lui, nous faisons partie de lui-même. Nous ne pourrons jamais voir Dieu face à face, parce que, pour le voir, il faudrait être hors de lui, et hors de lui il n'y a rien, c'est le néant. Il est infini, il n'a point de limites. On peut lui appliquer cette admirable définition que Pascal a donnée du monde : « C'est une sphère infinie dont le centre est partout, la circonférence nulle part. » Mais si nous ne pouvons voir Dieu, nous pouvons l'étudier dans la nature, le connaître dans ses parties et comprendre ses lois immuables.

Nous devons, avant tout, chercher à connaître Dieu en nous-mêmes, interroger notre nature. Pour découvrir la loi de nos destinées, il n'est pas besoin d'aller affronter la présence du terrible Jéhova, dans un buisson ardent, sur le sommet d'une montagne, au milieu du tonnerre et des éclairs. La loi de chacun des êtres qui vivent dans le grand tout n'est pas douteuse pour ceux qui veulent l'interroger consciencieusement ; elle est écrite en caractères ineffaçables dans sa propre nature : c'est là qu'il faut la chercher, et quand elle sera reconnue et observée, il ne sera plus besoin de lois civiles, qui ne peuvent être que conformes à celle-là ou qui la détruisent. D'ailleurs, c'est Rousseau qui l'a dit : « Sous les mauvais « gouvernements (et comment un gouvernement peut-il « être bon si les lois sont mauvaises?) sous les mauvais « gouvernements, l'égalité par convention et de droit « n'est qu'apparente et illusoire. Dans le fait, les lois « sont toujours utiles à ceux qui possèdent et nuisibles « à ceux qui n'ont rien. » C'est cette vérité que la sagesse des nations a formulée plus énergiquement encore dans le proverbe populaire : « Les lois sont des toiles « d'araignée qui arrêtent les petits moucherons et lais« sent passer le gros. »

Sans doute les lois civiles seront encore longtemps nécessaires; mais elles ne le seront pas toujours. De longtemps l'on ne pourra reconnaître seulement la loi naturelle; mais c'est vers ce but qu'il faut marcher. Tel est l'idéal que doit toujours avoir en vue le législateur humain. Expression de la volonté générale, il doit faire entrer dans les lois positives toutes les institutions qui tendent à cette fin de l'organisation rationnelle et harmonique de l'humanité. Et, dès aujourd'hui, la société doit procurer à chacun de ses membres la Liberté réelle, combinée avec l'Égalité, en fournissant à tous les hommes indistinctement les moyens d'exercice sans lesquels la Liberté n'est qu'une cruelle ironie.

Ainsi, la Liberté doit être laissée à l'homme pleine et entière sous tous les rapports, soit comme individu, soit comme membre de la société. Du jour de sa naissance, et même dès l'instant de sa conception, l'enfant a une individualité propre; il a droit au libre développement de sa personnalité. Par cela seul qu'il existe, l'homme s'appartient. Dieu lui a assigné une mission particulière qui lui est révélée par sa constitution intellectuelle et physique, par l'ensemble de ses aptitudes, de ses capacités et de ses passions. Il n'appartient à personne de lui en imposer d'autres. Nul n'a le droit de disposer de lui, soit directement, par la contrainte, soit indirectement, par les influences de l'éducation ou de l'ascendant moral ; parce que, en sa qualité d'homme, chaque membre de la société est l'égal des autres. Et la société elle-même n'a pas le droit de donner aux facultés de l'homme une autre direction que celle résultant de leur propre nature ; elle n'a que le devoir, mais le devoir impérieux, car telle est la raison de son existence, elle a le devoir de lui fournir les moyens de les connaître lui-même et de les exercer librement.

Ainsi, dès le sein de leur mère, tous les enfants ont un droit égal à l'éducation. Même pendant le temps de la gestation, la mère doit pouvoir observer un régime salutaire au fœtus. Puis par une éducation physique, morale et intellectuelle, gratuite, professionnelle et attractive, la société doit fournir à tous également les moyens nécessaires pour le développement complet du corps, de l'âme et de l'esprit ; elle doit mettre chacun de ses membres à même de se connaître, de sentir sa vocation, de comprendre ses spécialités et de choisir les professions et les travaux pour lesquels il est destiné. Enfin, par l'organisation du travail libre et volontaire, la société doit donner à chacun la possibilité d'accomplir sa mission particulière pour son bonheur individuel comme pour le bien-être général de l'humanité.

Mais, s'écrie-t-on, comment cela serait-il possible ? Si

vous n'obligez pas les hommes à travailler, nul ne voudra le faire. Que ferez-vous des paresseux, des gourmands, des ivrognes, de tous ceux, en un mot, qui voudront consommer sans produire?

Je pourrais répondre d'abord qu'il ne s'agit pas de savoir si cela est possible, mais bien si c'est vrai, si c'est juste, et dire à nos contradicteurs : De quel droit voulez-vous condamner les hommes, vos semblables, vos frères, à des travaux forcés? Et que diraient les oisifs si les prolétaires voulaient eux-mêmes leur imposer cette obligation? Car, enfin, les travailleurs ont toujours été en majorité, et ceux qui les commandent ne seraient plus les maîtres, si les premiers, usant de la loi du plus fort, qui gouverne le vieux monde, s'avisaient de les faire obéir à leur tour.

Mais je vais plus loin; je dis que cela est non seulement possible, c'est nécessaire.

L'on criait aussi à l'impossible, quand Jésus est venu proclamer le principe de la fraternité humaine, et en conclure hardiment à l'abolition de l'esclavage. Comment la société sera-t-elle possible avec un pareil système, disaient les aristocrates d'alors? Comment les travaux manuels pourront-ils être exécutés, si nous n'avons plus d'esclaves? Commet se feront et l'agriculture, et l'industie, et le commerce; toutes choses auxquelles un patricien ne peut se livrer sans déshonneur? — Comment pourrons-nous produire le sucre, le café et toutes les denrées coloniales, si l'on affranchit les noirs? répétaient naguère encore les planteurs des colonies françaises, sous les yeux et aux applaudissements des princes et des prêtres. — Mêmes exclamations quand il s'est agi de détruire le servage et d'abolir la féodalité. Et pourtant l'esclavage a disparu successivement de l'Europe et de nos colonies, et le travail s'est néanmoins effectué. La féodalité a été engloutie dans le grand déluge de la Révolution française, et la société n'a pas, pour cela, été détruite; au contraire, elle en est sortie plus grande et plus forte. Il en sera de même ici. Avant que peu d'années se soient écoulées, le salariat, dernière forme de l'esclavage, disparaîtra avec l'individualisme, et, sous la loi de l'Égalité, s'effectuera le travail libre et volontaire.

Là est le salut commun. Le monde finirait bientôt dans le plus affreux chaos, si cette condition indispensable ne se réalisait pas. Plus la société avancera sous l'irrésistible impulsion du progrès, plus les hommes seront développés, et quand les prolétaires auront la conscience de leurs droits, ils voudront jouir dans toutes leurs facultés de leur part des bienfaits sociaux. Déjà l'on peut observer les rapides progrès qui se sont opérés dans l'esprit des masses populaires depuis un demi-siècle. Chaque jour on voit des jeunes gens élevés dans les campagnes, quitter leurs travaux champêtres, et abandonner les villages pour aller dans les villes chercher une existence plus complète, même au prix de leur indépendance et sous la livrée humiliante de la domesticité. Bientôt les professions manuelles seront désertées, les travaux repoussants objets d'un stupide mépris, et les fonctions pénibles, signes d'une infériorité injuste, ne pourront plus être accomplies que par la force et l'ignorance. Mais la contrainte sera impuissante; car on ne peut pas obliger l'homme à faire, et quand même cela serait matériellement praticable, on n'oserait pas l'entreprendre : ce serait transformer la société en un bagne; et où trouverait-on assez de garde-chiourmes pour faire mouvoir et pour contenir tant d'esclaves? Toutes les armées n'y suffiraient pas ! L'ignorance? Cela serait encore plus impossible. Pour empêcher les débordements d'un fleuve, on n'a jamais imaginé de le faire remonter vers sa source. Dans l'un et l'autre cas, les travailleurs voudraient s'affranchir de cette servitude physique et morale. Si par la résistance l'on comprime des besoins aussi impérieux, ils éclateront en révolutions violentes, auxquelles il faudra bien enfin trouver une issue. Il est donc indispensable de créer un système d'organisation sociale dans lequel tous les travaux nécessaires à la vie de l'homme s'exécuteront sans violer aucun droit. Et cela n'est pas difficile si l'on sait y croire et le vouloir.

Ce qui est dans la nature humaine, ce n'est pas la paresse, c'est l'activité. Tous les hommes sont paresseux quand ils font un travail incompatible avec leurs vocations, tous sont laborieux quand ils exécutent un travail attrayant. L'homme veut être heureux ; c'est là son but. Il faut qu'il travaille : telle est sa destinée ; et pour l'accomplir, Dieu l'a doué d'activité. Il doit transformer toutes choses et faire la moitié de l'ouvrage de la nature. Cela est nécessaire pour fournir des aliments non seulement à son corps, mais encore à son activité. Et pourtant, dans le travail, tel qu'il est organisé aujourd'hui, il ne trouve ni les uns ni les autres ; il n'y rencontre que les privations et la souffance, la servitude et la misère.

Les causes qui rendent ainsi le travail pénible et improductif sont nombreuses.

Et d'abord, la place que chacun occupe dans la société actuelle n'est pas déterminée par sa vocation ; elle lui est imposée arbitrairement par la volonté de ses parents ou par les caprices du hasard. Quelles que soient ses aptitudes et ses goûts, il faut qu'il traîne péniblement son existence dans l'ornière où il a été forcément enrayé, sans qu'il ait pu même savoir ce à quoi la nature l'a rendu propre. Que par sa constitution intellectuelle et physique, il soit prédestiné aux sciences ou à l'industrie, à l'agriculture ou aux beaux arts; qu'il possède les capacités d'un artisan ou d'un manœuvre, on ne s'en occupe pas, on ne cherche même pas à le savoir. L'enfant est né dans une famille riche : il faut nécessairement qu'il passe les plus beaux jours de son enfance et les années insouciantes de sa jeunesse, cloîtré dans des écoles où il subit toutes les tortures du corps et de l'âme, pour apprendre des sciences auxquelles il ne comprendra peut-être jamais un mot. Jetez les yeux sur cet amphithéâtre, disposé pour la distribution solennelle des prix aux élèves d'un lycée. Voilà cinq cents jeunes gens, pris au hasard dans toutes les familles bourgeoises de la contrée, parce que leurs parents ont des rentes, ces enfants doivent nécessairement être pleins d'ardeur à l'étude, sous peine de se voir méprisés et tenus pour paresseux; puis ils doivent devenir autant de savants propres à tout. Pour quelques-uns, capables de recevoir le genre d'instruction uniforme qu'on leur donne, la plupart sont condamnés par la vanité, l'orgueil et la sottise de leurs pères, à végéter péniblement pendant toute leur vie dans ce que l'on appelle des professions honorables, ou à courir après des fonctions qu'ils sont incapables d'atteindre, et, en tous cas, incapables de remplir. Enfin, beaucoup sont inutiles, souvent même nuisibles par leur oisiveté, tandis que peut-être ils feraient d'excellents cultivateurs, de laborieux artisans, si on leur avait fourni les moyens de développer et d'exercer librement leurs facultés spéciales.

Au contraire, vous trouvez dans la même contrée vingt mille fils de prolétaires, parmi lesquels il y a des hommes destinés aux fonctions les plus élevées de la science et de l'art; s'il était possible de connaître leurs goûts, leurs passions, leurs spécialités diverses, l'on découvrirait dans celui-ci un mathématicien, dans celui-là un poète, dans cet autre un philosophe ou un artiste. Mais ils sont pauvres ; nul ne sait quels trésors le créateur a mis en eux ; ils s'ignorent eux-mêmes, et de puissants génies sont condamnés à user une surabondance de forces, qui pourraient être si utiles à l'humanité, dans de vagues aspirations vers un but mystérieux, dans les douleurs d'une fièvre inconnue qui se manifeste souvent par des accès subversifs que l'on nomme vices ou crimes. Si quelques-uns de ces réprouvés parviennent à se deviner eux-mêmes, à se sentir, leur supplice est bien autrement pénible encore ; le mal qu'ils éprouvent s'accroît de tout le bonheur dont ils pourraient jouir. Tous se livrent, par nécessité, à des travaux répugnants, sans goût, sans attrait, sans passion. Chez eux la flamme de l'enthousiasme est éteinte ; ils restent ineptes, ils deviennent paresseux. Et si parfois, à force d'énergie et de résolution, ou bien poussés hors de l'ornière par un esprit intérieur, il en est qui parviennent à remplir le rôle que leur a assigné la nature, ce n'est qu'au prix des plus cruelles souffrances, et pour arriver souvent, broyés par le monde, à une fin tragique.

L'absence ou les vices d'éducation, telle est la première et la principale cause des malheurs publics et privés. Mais quand même le hasard favoriserait tellement un individu qu'il pût connaître et exercer complétement sa vocation particulière, il n'en serait guère plus heureux pour autant. Tel qu'il est actuellement organisé, le travail se fait dans des conditions qui mettent l'homme dans l'impossibilité d'y trouver la satisfaction qu'il doit en attendre.

En effet, les occupations du travailleur ne varient jamais ; elles sont toujours les mêmes pendant tous les jours de la vie, et pendant toutes les heures de la journée. Toujours l'homme est condamné comme une machine, à faire la même chose, et à n'employer ainsi que certaines de ses facultés, qui s'épuisent par l'excès, au détriment des autres, qui s'atrophient dans l'inaction. S'il s'agit de travaux manuels, ils sont presque toujours excessifs, au-dessus des forces humaines, et ils sont effectués, au milieu des privations, dans des lieux qui n'offrent aucunes des commodités nécessaires à nos sens, dans des ateliers infects ou sous les intempéries des champs qui, les uns et les autres, étiolent le corps, abrutissent l'âme, engendrent les maladies, et, enfin, donnent la mort. En outre les travaux se font presque toujours dans l'isolement ; ou si quelquefois ils s'effectuent en commun, les ouvriers, réunis par le hasard, sans choix volontaire, sans attraits sympathiques, sont indifférents les uns aux autres, quand la concurrence ne les rend pas ennemis. Et pour couronner tout cela, le travail est un objet de mépris pour les oisifs qui dirigent l'opinion ; les travaux les plus respectables, parce qu'ils sont les plus pénibles, sont les moins considérés ; ils sont un signe de roture et d'avilissement. Enfin, le travailleur, épuisé de fatigues, abreuvé de dégoûts, rongé de soucis ; menacé incessamment par la concurrence ; exposé aux chômages par le caprice de celui qui lui dispense la vie avec les instruments de travail, aux maladies et à la mort par des labeurs homicides ; en peine de son pain de chaque jour ; toujours inquiet pour lui et sa famille, le travailleur n'a en perspective que la misère; il ne peut jouir d'aucune liberté d'esprit, d'aucune tranquillité d'âme; et il souffre non seulement des souffrances du moment, mais encore de toutes les douleurs possibles de l'avenir. Ainsi l'existence du prolétaire n'est qu'une longue suite de tortures sans nom, qui ont fait croire à une malédiction éternelle. Prenant le fait pour le droit, l'on a considéré le travail comme une peine, et l'on condamne l'homme à gagner péniblement sa vie à la sueur de son front!

Cette erreur a fait couler bien des larmes amères. Il est temps de la détruire. Il faut enfin réhabiliter le travail, car il est saint entre toutes choses. C'est par lui que l'homme participe à l'action de Dieu, qu'il concourt à l'œuvre de la création. Le travail, source de la richesse, doit devenir celle du bonheur général. Pour cela il suffira de faire disparaître, par des institutions contraires à celles qui le régissent actuellement, les vices que nous avons reconnus dans son organisation.

Réaliser le principe d'égalité. Sanctionner ces vérités: que tous les travaux sont également utiles à la société; que si les hommes ne sont pas doués des mêmes facultés, Dieu l'a voulu ainsi, afin que tous les travaux soient accomplis; mais que les hommes ont tous un mérite égal quand ils remplissent leur mission particulière; et que toutes les fonctions sociales sont également considérées, de sorte que les travaux manuels ne soient plus un objet de mépris, et que tous les travailleurs soient estimés à l'égal les uns des autres. Par un système d'éducation rationnel, faire que toutes les vocations soient développées selon leur nature et leur étendue. Qu'ensuite chacun soit mis à même de choisir librement ses travaux, et de les exécuter selon ses goûts; en réunion d'amis attirés les uns vers les autres par de communes sympathies; dans des ateliers agréables, disposés de telle manière que la santé et la vie n'y soient pas compromises, mais puissent, au contraire, s'y développer complétement. Effectuer les travaux dans des séances de courte durée et par les temps convenables; les varier de telle sorte que l'homme puisse s'y reposer de la fatigue ou plutôt du plaiser des uns par l'accomplissement des autres : — Dans ces conditions, et par la multiplication infinie des machines, à l'aide des procédés incalculables que fournira la science, le travail se fera avec la plus grande facilité. L'homme ne sera plus l'esclave de la matière; il lui commandera souverainement, il sera bien, en réalité, le roi de la nature. Alors, il ne sera plus besoin de ce stimulant de la nécessité, le seul possible aujourd'hui, remède pire que le mal, qui empoisonne les travaux au lieu de les faire mieux exécuter. Le travail, devenu attrayant, sera la source de nos plus vives jouissances, et si l'on inflige encore des peines aux hommes, ce ne sera plus que celle de ne rien faire : — Il n'y aura plus de paresseux.

Observez les enfants. Dans leurs amusements ils veulent imiter tout ce qu'ils voient faire aux hommes, souvent ils exécutent, avec les plus grandes difficultés, des travaux au-dessus de leurs forces; mais ils le font volontairement, et ils y trouvent du plaisir. Si on le leur commandait, ils s'y refuseraient; si on voulait les y contraindre, ils souffriraient. Les enfants ne seront donc point paresseux pour recevoir une éducation attrayante, en rapport avec leurs goûts, c'est-à-dire avec leur nature. Et les hommes? Il existe peu dans la vie de travaux plus pénibles que certains plaisirs, tels que le jeu de paume, le jeu de boule, le bal. Cependant on y passe des jours et des nuits à s'exténuer dans des exercices souvent puérils, quelquefois ridicules, toujours inutiles et même nuisibles ; et on le fait avec plaisir, parce que ce sont des travaux volontaires ; et si l'on en était privé, l'on souffrirait, parce que ce sont des travaux attrayants. Combien un exercice utile, qui donnerait à la fois joie et richesse ne serait-il pas plus agréable? Et quelle puissance de production n'y trouverait-on pas? Que serait-ce donc si, au lieu d'un plaisir long, exclusif, monotone, qui ne laisse souvent après lui que la satiété et le dégoût, l'on ne prenait que des plaisirs variés?

L'on insiste et l'on dit : Quoi que vous fassiez, il y a des hommes vicieux auxquels on ne parviendra jamais à faire goûter les charmes du travail même le plus attrayant. Je réponds que d'abord, la vérité de cette objection n'est pas démontrée, car il n'existe peut-être pas aujourd'hui un seul cas où l'on rencontre toutes les conditions du travail attrayant. Mais en supposant que cela fût, ce ne serait pas un motif suffisant pour conclure que cela sera toujours. Sans doute l'organisation parfaite du travail n'est pas réalisable en un jour ; elle ne se fera que successivement, par des moyens transitoires ; mais après plusieurs générations l'on doit nécessairement y parvenir, au moyen de l'éducation professionnelle intégrale. Car s'il existe des hommes tellement habitués dans le mal, qu'ils ne puissent en secouer le joug ; si même il en est qui naissent avec des vices, espèce de péché originel dont aucun baptême ne peut les laver ; si, en un mot, il n'est pas vrai, aujourd'hui, que « tout est bien sortant des mains de la nature, » il est très vrai pourtant que cet aphorisme de l'auteur d'*Émile* deviendra une vérité, quand, par une éducation sociale, agissant sur l'enfant dès le sein de sa mère, l'on aura fait cesser les mauvaises influences qui perpétuent dans le fœtus les vices contre nature, tels que la paresse, l'ivrognerie, la dépravation sexuelle, et tant d'autres qui se transmettent héréditairement.

L'attraction, telle est donc la loi nécessaire du travail et l'indispensable condition de la Liberté. Signalée par Morelly, elle a été adoptée par l'école de Saint-Simon, comme la pierre angulaire de la Société nouvelle. Fourier en a fait la base de son système d'organisation sociale; et elle est aujourd'hui admise par toutes les écoles qui appartiennent réellement au grand parti socialiste.

Comment la réaliser? Il n'entre pas dans mon sujet de résoudre cet immense problème. Je crois que la solution est trouvée. La loi sériaire, découverte par Fourier, et appliquée dans l'association intégrale de toutes les individualités dans la commune, me semble donner les véritables moyens d'application. Tout homme qui veut sincèrement travailler à la régénération sociale doit méditer avec une religieuse attention sur les procédés inventés par ce grand penseur (1). L'expérience y signalera sans doute des erreurs ; mais que l'on étudie, que l'on discute, que l'on trouve mieux si l'on peut, et que l'on se hâte d'appliquer ce que l'opinion générale aura adopté, car le temps presse. Si l'on n'ouvre pas de larges issues au fleuve si majestueux du progrès pacifique, transformé en un torrent impétueux, il engloutira bientôt tout ce qui voudra s'opposer à son libre cours.

(1) Inutile d'ajouter que nous n'entendons parler des doctrines phalanstériennes qu'en ce qui concerne la production; les principes professés plus haut condamnent formellement le mode de répartition proportionnelle au capital, au travail et au talent prescrit par Fourier.

CHAPITRE VI.

De la Souveraineté.

Le Peuple est souverain : telle est la conclusion logique des principes posés dans les trois chapitres précédents. Nier la souveraineté du peuple, l'on ne comprend plus guère que cela soit possible. Il faut qu'une longue suite de siècles de servitude ait pesé sur le monde pour que l'asservissement de l'humanité au pouvoir de quelques hommes ait pu paraître légitime devant la raison égarée des philosophes, naturelle aux yeux des générations opprimées. Quand on envisage la chose en elle-même, abstraction faite des idées préconçues, des préjugés puisés dans les habitudes, les mœurs, l'éducation, l'on ne conçoit pas comment une doctrine semblable a pu prévaloir. Grâce à nos trois révolutions, cela ne semble plus être une question aujourd'hui.

S'il est, en effet, un principe désormais incontestable, c'est celui de la souveraineté du Peuple. Chacun des partis qui se disputent le gouvernement de la France l'invoque à l'appui de ses prétentions rivales. L'un, le parti républicain, parce que ce dogme est la base du gouvernement démocratique, l'essence même de la République. Les autres, les partis monarchiques, parce que, obligés de se soumettre à la loi dominante, qui consacre ce principe fondamental, ils espèrent capter la confiance du Peuple par un hommage hypocrite à son omnipotence, et la faire servir au rétablissement de leur ancienne autorité. Mais si elle est reconnue, en principe, même par ses propres adversaires, la souveraineté populaire n'est pas tellement assurée qu'elle ne puisse être usurpée de nouveau.

A quel titre un homme ou une caste, une classe, une famille, peuvent-ils s'attribuer la souveraineté ; s'arroger le droit de commander à leurs semblables ; disposer des personnes et des biens de toute une nation?

Nous avons vu que l'humanité ne forme qu'une seule famille. Cette famille universelle a pour père Dieu ; pour patrimoine la terre ; pour lois celles de la nature.

Il a été démontré que tous les membres de la grande famille humaine sont frères ; qu'en conséquence ils sont tous au même titre égaux et libres.

Par conséquent aussi ils ont tous les mêmes droits, et notamment celui de participer également à l'administration de la chose commune.

L'on ne voit aucune raison pour que les uns commandent et que les autres obéissent ; pour que les uns jouissent des bienfaits sociaux, et que les autres en supportent les charges. Et les lois qui ont régi le monde jusqu'à ces temps-ci ne sont que des institutions de droit purement civil, arbitraire.

Sans doute, il faut que quelqu'un administre la chose publique et dirige les travaux communs. Il faut que la gestion des affaires générales, petites ou grandes, temporaires ou permanentes, soit confiée à quelques-uns, ne serait-ce que pour veiller à l'exécution des décisions prises en commun. Tous les hommes ne sont pas aptes à toutes les professions. Les fonctions administratives exigent des facultés qui ne se rencontrent que chez certaines personnes ; et la direction des travaux sociaux ne peut être confiée qu'à celles que la supériorité de leurs aptitudes spéciales et leur expérience en rendent capables.

Mais les hommes qui reçoivent de leurs concitoyens des attributions particulières n'ont aucun pouvoir sur leurs semblables. Les fonctions qui leur sont conférées ne sont pas une propriété. Ce n'est pas une faveur. Ce ne doit pas même être une récompense honorifique. Ces fonctions sont une charge ; elles n'attribuent aucun droit, elles n'imposent que des devoirs. Créées pour l'utilité commune, elles finissent dès que leur raison d'être n'existe plus, et elles sont retirées à celui qui en est investi aussitôt qu'il s'en rend indigne, ou qu'il devient incapable. Les fonctions conférées pour la direction ou la gestion de la chose publique, constituent un mandat et en suivent toutes les règles.

Les administrateurs, les fonctionnaires à tous les degrés, depuis le maire jusqu'au président de la République, depuis le garde-champêtre jusqu'au ministre, depuis le conseiller municipal jusqu'au député, tous sont les serviteurs du peuple, ses commis. Les fonctions dont ils sont investis ne leur donnent aucune suprématie, et si la loi leur accorde quelques droits particuliers, ce n'est qu'autant que ces droits sont nécessaires pour qu'ils puissent accomplir leurs devoirs.

Telle est la doctrine enseignée par l'Évangile (1).

Et en effet, si tous les hommes sont égaux en droits, sur quoi se fonderait la supériorité d'un homme ou d'une classe ?

(1) Saint Matthieu, chap. XX ; saint Luc, chap. XXII.

Les riches et les pauvres sont également intéressés à l'administration de la chose publique. Les lois leur sont applicables aux uns comme aux autres. Les pauvres les ressentent même plus durement; car ils supportent presque exclusivement toutes les charges de la société, et ils ne jouissent pas de ses avantages. La fortune n'est donc pas un motif pour faire attribuer l'autorité aux riches à l'exclusion des pauvres. De ce que le riche jouit de la faveur de la fortune, ce n'est pas une raison pour qu'il en possède encore une autre, au contraire.

La conquête? Mais la conquête n'est qu'un abus de la force. C'est un vol. Et la force ne constitue pas le droit, surtout lorsqu'elle est mise au service de l'iniquité.

L'hérédité? Mais, en admettant même sa légitimité, l'on ne peut transmettre que ce que l'on possède légalement. Il faut donc d'abord prouver l'existence du droit dans la personne de l'auteur. Cela ne résout pas la question, elle reste la même.

Après avoir successivement invoqué ces divers titres et les avoir vus rejeter successivement par le bon sens public, à mesure des progrès de l'esprit humain, l'on invoquait, en dernier lieu, la supériorité de l'intelligence et de l'instruction. Ce motif n'est pas plus sérieux que les autres. L'instruction est le droit de tous; chacun a un droit égal au développement complet de ses facultés de toutes sortes. Et on l'a vu, l'intelligence n'attribue point de droits, elle impose des devoirs. Les facultés supérieures sont des instruments confiés par Dieu à l'homme pour en faire un usage utile à la société. Il serait contradictoire que celui qui en est investi s'en servît précisément pour enlever à ses semblables les biens qu'elles doivent leur procurer. Un homme qui emploie sa supériorité d'intelligence pour usurper la souveraineté du peuple et dominer sur ses concitoyens, ressemble à un serviteur qui chasse son maître de la maison avec les armes que celui-ci lui a confiées pour la défendre. C'est un vol aggravé de l'abus de confiance.

Dieu est le seul roi légitime de la terre. Les hommes, égaux et libres, n'ont point d'autre maître que le Christ, c'est-à-dire l'idée évangélique. Le peuple tout entier est donc le seul souverain. Voilà le règne de Dieu, dont nous attendons l'avénement, c'est-à-dire le règne de la justice et de la vérité.

Mais à quels signes reconnaîtra-t-on les représentants sur la terre de ce roi invisible ? Quels sont les organes qui proclameront les volontés de ce législateur suprême?

Le représentant visible de Dieu sur la terre, c'est le peuple.

Ses ministres sont les hommes auxquels il attribue les aptitudes spéciales exigées pour les travaux de direction et d'administration.

Et, pour les connaître, il faut consulter le peuple ; lui seul a qualité pour les choisir et les proclamer. Car, on l'a dit avec une prescience intuitive de cette vérité et la sagesse des nations l'a acclamé dans cette maxime, trop lontemps vaine : La voix du peuple est la voix de Dieu.

Les fonctionnaires publics sont les serviteurs du peuple, avons-nous dit, donc au peuple seul le droit de les choisir ; et ils peuvent être révoqués par lui comme ils sont admis, de même que des serviteurs sont reçus et congédiés par leur maître. « Celui qui gouverne doit être comme celui qui sert ; » il ne peut avoir aucune volonté propre, il ne doit agir qu'en vertu des ordres qu'il reçoit et auxquels il doit se conformer. Enfin, si un administrateur choisi par le peuple veut s'attribuer une puissance qu'il n'a pas, il doit être congédié comme un mauvais serviteur ; car « le serviteur n'est pas plus grand « que le maître, » et « quiconque s'abaisse sera élevé, « mais quiconque s'élève sera abaissé. »

CHAPITRE VII.

De l'Usurpation de la Souveraineté.

Cependant de tout temps la souveraineté du peuple a été usurpée. Depuis les époques les plus reculées dont l'histoire nous a conservé le souvenir, la terre est devenue le domaine exclusif de quelques hommes ; et les peuples, conduits comme des troupeaux de bêtes de somme, ont été contraints à la fertiliser de leurs sueurs pour subvenir à la vie fastueuse ou engraisser l'oisiveté de leurs maîtres.

Comment un semblable état de choses a-t-il pu s'établir ? Comment surtout a-t-il pu se maintenir ?

L'établissement historique des pouvoirs a plusieurs causes ; il s'est produit sous des formes infinies dans leurs variétés. Toutes se rattachent à celle-ci : l'abus de la force physique et morale. Les puissances se sont maintenues par l'ignorance, la corruption ou la violence.

Dès que plusieurs hommes se sont trouvés réunis en société pour l'échange des services individuels et l'accomplissement des travaux sociaux, les capacités ou les forces supérieures se sont manifestées d'elles-mêmes, et ceux qui en étaient doués ont reçu le pouvoir de direction ou l'ont imposé. Ce fait s'est produit plus spontanément encore, parce que la nécessité en était plus grande, quand, devenus nombreux, les hommes n'ont pu suffire, par un travail inexpérimenté et peu productif, à leurs besoins croissants, et ont voulu s'arracher les lambeaux du domaine commun. Alors, ceux qui avaient reçu de la nature des facultés intellectuelles plus étendues ou de plus grandes forces musculaires, se sont trouvés naturellement investis du commandement ; puis, entourés du prestige de la victoire et dans l'enivrement général du triomphe, ils ont conservé sur leurs frères un pouvoir qui n'avait plus de raison d'être, et ils ont perpétué leur domination avec les moyens mêmes qui leur avaient été confiés pour empêcher l'asservissement du peuple. Enfin, devenus chefs sous les titres divers de rois, princes, empereurs, souverains en un mot, ils ont engagé, les uns contre les autres, des guerres toutes personnelles, et les peuples opprimés se sont entr'égorgés pour asseoir plus solidement la puissance de leurs propres tyrans.

C'est ainsi qu'abusant de la supériorité relative qui leur avait été donnée pour le bien de tous, au lieu de la faire servir à l'usage auquel Dieu l'avait destinée, ils l'ont employée à leur profit individuel, et, à l'aide de la violence ou de la ruse, ils ont asservi les peuples dont ils devaient n'être que les serviteurs et les instruments.

La première forme qu'à dû revêtir cette usurpation fut celle de la famille. D'abord, par les rapports de consanguinité qui unissent ses membres et la nécessité des services qu'ils se doivent, la famille a été le premier noyau des sociétés. En second lieu, le père, revêtu de la supériorité de forces et d'expérience, et investi de l'ascendant que son âge lui donne sur ses enfants, a pu facilement les élever dans le culte de son autorité et les plier sous le joug. Il s'est ainsi composé un petit état dans le coin du globe habité par sa famille ; il est devenu seul maître des personnes et des choses ; la femme, les enfants et descendants, les esclaves, les animaux domestiques, la cabane, les terres : tout est devenu la chose propre du père de famille. Il a entouré d'un fossé ou d'une haie la terre par lui occupée et il a dit : Cela est à moi. Il a lui-même créé les lois de sa petite société ; il les a inculquées dans les esprits dès la plus tendre enfance ; elles se sont infiltrées dans les mœurs ; elles se sont transmises par la tradition, et de cette manière s'est établie la propriété du chef sur les corps et sur les biens.

Tel a dû être le berceau des royautés. En prenant de l'extension, la famille est devenue une peuplade, puis une nation ; et basant la société politique sur les institutions domestiques, on a fait des rois et des sujets, des maîtres et des esclaves.

Mais ces peuplades, parquées sur la terre dont elles s'attribuent la propriété exclusive, n'ont pu vivre longtemps en bonne harmonie. Des rapports nécessaires se sont établis entre elles pour l'échange des produits que chacune ne pouvait trouver que chez les autres. Alors, soit pour satisfaire les sentiments de jalousie ou de haine que la division des intérêts faisait naître entre les chefs, soit pour conquérir de plus grands ou de meilleurs domaines, des discussions se sont élevées et n'ont pu se vider que par la force. Les vaincus sont devenus la proie des vainqueurs. D'abord ceux-ci les tuèrent pour s'assurer la possession de leurs biens ; plus tard, soit par pitié, soit par calcul, les vainqueurs laissèrent la vie aux vaincus ; ils en firent des esclaves, ils les attachèrent à leurs domaines comme du bétail, et ils augmentèrent d'autant la valeur de leurs propriétés. Et l'esclavage fut considéré comme un bienfait du vainqueur ! Des Peuples entiers furent ainsi spoliés et réduits en servitude. Le brigandage fut légitimé sous le nom de guerre, et les plus grands scélérats furent appelés d'héroïques conquérants! De là des classes aristocratiques, celles des vainqueurs; et des classes réprouvées, celles des ilotes, des parias, des serfs, des prolétaires.

Puis, en possession de la force, du commandement et des richesses, les rois et leurs complices, avec lesquels ils partagèrent les dépouilles des peuples, ont pu facilement vaincre les résistances ouvertes avec les forces qu'ils puisaient dans la domination elle-même; et par un système d'éducation diamétralement opposé au vœu de la nature, ils sont parvenus à imposer le culte de leur pouvoir tyrannique à des peuples qu'ils avaient rendus faibles et ignorants. Enfin, par la corruption des uns et l'abrutissement des autres, ils leur ont ôté jusqu'à la pensée de trouver cet état mauvais et de s'en plaindre. Des institutions destructives de toutes les lois divines ont été légitimées comme émanant de la volonté de Dieu par des jongleurs qui se sont dits ses envoyés et ses prêtres. La souveraineté sur le Peuple et sur la terre est devenue un patrimoine transmissible héréditairement dans les familles; les classes sont devenues des castes; et ainsi s'est perpétuée la tyrannie.

Ce qu'il est résulté de tout cela, les annales du monde en contiennent le hideux tableau. Jusqu'ici les Peuples, transformés en troupeaux d'esclaves, ont été condamnés à s'entretuer pour la cause de leurs oppresseurs. La terre, abreuvée de sang et de larmes, n'a été qu'un vaste champ de carnage; ses maîtres y ont assis leur puissance sur des ruines et des cadavres, et ils en ont distribué les lambeaux à des satellites complices de leurs crimes. Écrasés par leurs despotes, pressurés par les exactions des tyrans subalternes, les populations affamées, exténuées de travail et de privations, ont souffert plus encore de la paix que de la guerre ; et quand, à bout de patience, il restait aux opprimés assez d'énergie pour oser revendiquer leurs droits, on les exterminait par la force que l'on puisait en eux-mêmes.

Tels ont été, en résumé, les effets de l'usurpation de la souveraineté dans l'ordre politique. Dans l'ordre civil ils n'ont pas été moins horribles. L'histoire du peuple juif nous a transmis le souvenir des coutumes que certains hommes vantent encore aujourd'hui sous le nom de mœurs patriarchales. La Genèse, dans sa partie historique, nous a conservé une idée de l'autorité paternelle, dans le fait d'Abraham chassant Agar et son fils, et les envoyant mourir de soif et de faim, dans les sables brûlants du désert pour satisfaire la jalousie d'une autre femme ; puis se préparant, sur l'ordre de Jéhova, à égorger et brûler sans scrupule le fils que cette autre femme lui avait donné (1). Mais il est un Peuple qui résume énergiquement en lui les exemples que j'invoque. A l'époque, relativement toute récente, de l'aristocratique république romaine, le *pater familias*, c'est-à-dire le chef, qui pouvait n'être qu'un enfant au maillot, était propriétaire de tout ce qui composait la maison (*domus*). Enfants et petits-enfants à l'infini, femmes, esclaves, bestiaux, maisons, terres, le père de famille pouvait disposer de tout cela comme d'une chose lui appartenant en propre. Il pouvait exposer ses enfants, les tuer, les vendre, et s'ils étaient affranchis par l'acheteur dont ils étaient devenus les esclaves, ils retombaient

(1) Genèse, chap. XXI et XXII.

sous cette terrible puissance du père, qui pouvait ainsi les revendre jusqu'à trois fois (1). Ce chef était seul une *personne;* seul il formait un être capable d'avoir ou de devoir des droits, tous ceux qu'il avait sous sa main n'étaient pour lui que des instruments, des *choses*.

Ce droit de propriété, si rigoureux sur les personnes, était bien plus absolu encore sur les choses. L'on en jugera par les garanties que la loi lui accordait. Le créancier pouvait vendre son débiteur insolvable, ou, s'il ne trouvait point d'acquéreur, s'approprier sa personne, le réduire en esclavage ou le tuer, absolument comme un animal. Quand plusieurs créanciers se trouvaient dans ce cas, ils pouvaient se partager le corps même de leur débiteur commun ; et, tant était grande la sollicitude pour le droit des créanciers, la loi statuait que si, dans ce partage atroce, l'un d'eux prenait un morceau de chair plus fort que la part lui revenant, il ne devait point être inquiété pour ce fait (2). On le sait, des débiteurs s'échap-

(1) Loi des XII tables, table IV, art. 1. Disposition sur l'enfant difforme, qui doit être tué immédiatement. — Art. 2. Dispositions relatives à la puissance du père sur ses enfants : Droit, pendant toute leur vie, de les jeter en prison, de les flageller, de les retenir enchaînés aux travaux rustiques, de les vendre ou de les tuer, même lorsqu'ils gèrent les hautes charges de l'État. — Art. 3. Si le père a donné trois fois son fils en vente, que le fils soit libre de la puissance parternelle. *Si pater filium ter venum duit, filius a patre liber esto*

(2) Loi des XII Tables, Table III, art. 3. Alors, à moins qu'il ne paie, ou que quelqu'un se présente pour lui comme *vindex* (caution), que le créancier l'emmène chez soi ; qu'il l'enchaîne, ou par des courroies, ou par des fers aux pieds, pesant au plus quinze livres, ou moins s'il veut. — *Ni judicatum facit, aut quips endo em jure vindicit, secum ducito ; vincito, aut nervo, aut compedibus, quindecim pondo ne majore, aut si volet minore vincito.* — Art. 5. Exposition du débiteur sur la place publique pendant trois

pant sanglants des mains de leurs créanciers et se réfugiant sur le Forum, où ils étalaient aux yeux du peuple indigné leurs blessures et leurs vêtements en lambeaux, furent l'une des causes déterminantes des révolutions romaines. Enfin, dans la parabole du Créancier-Débiteur, l'Évangile nous apprend comment, du temps de Jésus, étaient traités les malheureux débiteurs insolvables (1).

Et cette propriété des personnes et des choses reposait si expressément sur le droit de la guerre; l'on ne reconnaissait tellement d'autres sources du droit que la force, que quand les mœurs primitives eurent fait place à des institutions plus civilisées, la violence se conserva comme un symbole nécessaire pour consacrer le droit. L'acquisition de la propriété était une usurpation fictive, et sa transmission le simulacre d'un combat.

« Tout le droit privé des Romains, dit M. Ortolan (2), « pour les personnes comme pour les choses, s'assied « sur une seule et unique idée : *manus*, la main, la puis« sance dans son expression la plus générale et dans son « symbole le plus vigoureux. Les biens, les esclaves, les « enfants, la femme et les hommes libres qui lui sont

jours de marchés consécutifs à neuf jours d'i tervalle pour appeler une caution. — Art. 6. Dispositions qui, après le troisième jour de marché, donne le droit au créancier non payé, de punir le débiteur de mort, ou de le vendre à l'étranger, au-delà du Tibre, et qui prévoyant le cas où ils seraient plusieurs créanciers, s'exprime ainsi : *Tertiis nundinis partis secanto; si plus minusve secuerint, se fraude esto:* Après le troisième jour de marché, qu'ils se le partagent par morceaux; s'ils en coupent plus ou moins, qu'il n'y ait pas de mal.

(1) Saint Matthieu, chap. XVIII.

(2) *Histoire de la Législation romaine.*

« asservis, tout est sous la main du chef, *in manu*. —
« La lance, c'est-à-dire la force guerrière, est, pour le
« *quirite*, pour l'homme à la lance, le moyen originaire,
« le moyen par excellence d'acquérir cette puissance, de
« de prendre sous sa main (*manu capere*); et quand elle
« aura disparu comme moyen brutal, elle restera comme
« symbole. »

Enfin, dans leurs coutumes juridiques, les quirites avaient les mêmes formes de procéder; c'était toujours le simulacre de la violence des combats, l'image de la guerre.

La justification historique que l'on a voulu donner de ces institutions, confirme pleinement l'origine violente que nous avons attribuée aux pouvoirs usurpateurs de la souveraineté politique et sociale.

« La famille comme l'État, dans l'humanité, a com-
« mencé par la servitude. Les Romains étaient les *qui-*
« *rites*, les hommes à la lance. Par la lance ils acquirent
« leur territoire, leur avoir, leurs compagnons, même
« leurs femmes, selon leur propre épopée nationale.
« Aussi la lance devint-elle chez eux le symbole de la pro-
« priété, et passa-t-elle jusque dans leur procédure judi-
« ciaire. Leurs esclaves étaient un butin, leurs femmes
« étaient un butin, leurs enfants en étaient un produit;
« est-il étonnant que le chef de famille, *pater familias*,
« eût sur les esclaves, sur sa femme, sur ses enfants,
« non pas une puissance ordinaire, mais un droit de pro-
« priété pleine et entière? Droit de vie et de mort sur ses
« esclaves; droit de condamnation sur sa femme et ses
« enfants; droit de vendre ces derniers, de les exposer,
« surtout lorsqu'ils étaient difformes; d'autant mieux
« qu'il est certain que cette propriété, cette exposition
« des enfants étaient alors dans les coutumes de presque

« tous les peuples de ces contrées, sinon avec toute « l'énergie qu'elles acquirent chez les Romains, du moins « en principe. » (*Histoire de la Législation romaine*, page 34.)

Et toutes ces abominations ont été les lois des hommes! Elles existent encore d'une manière plus ou moins complète dans beaucoup de contrées de la terre. Et cela s'est appelé légitime! Et ces pouvoirs sont dits de droit divin! Et des philosophes ont cherché à justifier de telles infamies! Et parmi les prêtres d'un Dieu qui a dit : « J'ai été envoyé pour prêcher l'Évangile aux pauvres, pour guérir ceux qui ont le cœur brisé, pour annoncer aux captifs qu'ils vont être délivrés, pour mettre en liberté ceux qui sont accablés sous les fers, » parmi les ministres d'une religion qui a pour but de détruire toutes les usurpations, il s'est trouvé des hommes qui ont osé, il n'y a pas encore soixante ans, après dix-huit siècles de christianisme, se faire les suppôts de ce monstrueux état de choses, le sanctionner par leurs paroles, et allumer la guerre civile en France, dans le pays des lumières, pour perpétuer la domination des rois et des maîtres de la terre (1).

Pour légitimer l'usurpation des pouvoirs, on invoque l'exemple de la famille; l'on dit : Vous reconnaissez vous-même que la famille est, sinon la base, du moins le modèle et la première forme de la société politique; qu'elles sont l'une et l'autre fondées sur le même principe. Il est donc tout naturel qu'elles soient gouvernées de la même manière. Or, la famille a un chef : le père; un patrimoine :

(1) L'on sait que les nobles n'ont entrepris les guerres si terribles de la Vendée qu'à l'instigation et sur les pressantes instances des prêtres, à la fois inspirateurs et directeurs des massacres qui ont ensanglanté le tiers du territoire.

les biens de toutes sortes administrés souverainement par ce chef. Pourquoi n'en serait-il pas de même dans la société politique?

Ce raisonnnement n'est qu'une pétition de principe. L'exemple de la famille peut être exact. Il est vrai que de tout temps l'organisation politique a été imitée plus ou moins parfaitement de l'exemple de la famille. Mais pour en conclure que l'usurpation de la souveraineté populaire est légitime, il faudrait d'abord justifier l'antique usurpation de la famille. Or, devant la raison, le père de famille n'est propriétaire ni des personnes ni des biens de ses enfants ; ils ne sont pas sa chose, comme ses bestiaux; ils ont une individualité propre; ils ont des droits inhérents à leurs nature et que nul ne peut leur enlever. S'il fut un temps où le père pouvait disposer de tout ce qui composait la maison, personnes et choses, l'on reconnaît aujourd'hui qu'il n'a point droit de vie et de mort sur les membres de sa famille; il ne peut plus les vendre à son gré ; il ne peut plus leur enlever leurs biens. Le temps n'est pas éloigné, sans doute, où l'on reconnaîtra aussi qu'il n'a pas plus le droit de disposer arbitrairement de leur esprit que de leur corps. Le père n'a que des devoirs envers ses enfants ; son autorité sur eux n'est qu'un pouvoir de protection, de tutelle. Aujourd'hui, ces principes sont déjà reconnus à demi par la loi civile ; si elle accorde au père un droit de correction sur la personne des enfants et de jouissance sur leurs biens, ce n'est que pour lui faciliter les moyens de veiller à leur sécurité et de pourvoir à leurs besoins; mais ce pouvoir, purement tutélaire, cesse dès qu'ils sont capables, par leur âge, de se diriger eux-mêmes.

La puissance exorbitante que le père avait autrefois sur ses enfants n'était donc elle-même, dans l'origine, qu'une usurpation. Or, chose étrange! c'est sur cette usurpation que l'on prétend fonder la légitimité d'une autre usurpation beaucoup plus grave, celle de la souveraineté du peuple. L'exemple est donc mauvais; il explique le fait, il ne motive pas le droit.

D'ailleurs, en supposant que l'on puisse invoquer l'exemple de la famille domestique, quel sera le père de la grande famille humaine? A quel signe en reconnaîtra-t-on la paternité? Dans la petite famille elle est indiquée visiblement par la nature; mais comment la constater ici?

Ouvrez l'Évangile, la réponse y est écrite à chaque page :

« N'appelez personne sur la terre votre père, parce que vous n'avez qu'un père, qui est dans les cieux.

« Et n'affectez point d'être appelés maîtres, parce que vous n'avez qu'un maître, qui est le Christ (1). »

Et quand Jésus nous fait élever nos prières vers Dieu, il ne lui donne point d'autre nom :

« Notre *père*, qui êtes dans les cieux (2). »

Éternelle, en effet, est la famille humaine : elle ne peut avoir qu'un père immortel.

Ce père, comment se manifeste-t-il aux hommes? Par quel organe leur transmet-il sa volonté? A quels signes reconnaître ses lieutenants, ses vicaires sur la terre?

Leurs titres, ils sont écrits dans leur propre nature. Ceux-là ont mission de représenter ici-bas le roi de la terre et d'administrer son royaume, à qui Dieu en a donné la vocation. Et, nous l'avons déjà démontré, le peuple seul peut attester, par l'élection, l'authenticité de ces titres : *Vox populi, vox Dei.*

(1) Saint Matthieu, chap. XXIII.

(2) Saint Matthieu, chap. VI.

CHAPITRE VIII.

De l'inaliénabilité de la Souveraineté.

Mais alors, s'empresseront de dire les partisans du pouvoir absolu, vous reconnaissez la légitimité de la monarchie, du moins quand elle est le résultat de l'élection populaire. Or, cette élection peut n'être que tacite. Elle peut résulter d'un consentement que laisse supposer le seul fait du défaut d'opposition aux pouvoirs qui s'établissent eux-mêmes; et le même acquiescement tacite peut conférer ce pouvoir héréditairement dans une famille. D'autre part, un peuple peut aliéner sa liberté en échange de la tranquillité et du bien-être qu'il trouve sous un gouvernement fort et stable. C'est une affaire de convention.

Rien de tout cela n'est vrai.

Il n'est pas exact de dire que le peuple trouve le bien-être ou la tranquillité sous un gouvernement despotique, qu'il soit une monarchie ou une aristocratie.

L'histoire de tous les peuples atteste (1) que les guerres fomentées par les mariages des princes, les successions et les partages de couronnes, l'avidité ou l'ambition des conquérants, la jalousie, l'orgueil ou la haine des rois; que les troubles causés par les divisions des classes et la

(1) Voir les *OEuvres de Sismondi.*

rivalité des familles aristocratiques ; que les tripotages de la diplomatie ; qu'en un mot, le concours et l'antagonisme de toutes les passions et de tous les intérêts mis en conflit dans les gouvernements basés sur l'usurpation de la souveraineté populaire, ont causé plus de douleurs, entassé plus de ruines, fait verser plus de sang, que les dissentions intestines des démocraties les plus mal constituées. Et quand les dominateurs font trève à leurs disputes, les peuples souffrent plus encore pendant la paix, de la cupidité et des extorsions de leurs maîtres que des ravages de la guerre.

Mais, par impossible, la monarchie fût-elle, par intervalles, et sous certains rapports, un gouvernement favorable à quelques intérêts, elle n'en serait pas moins une violation du droit et un crime permanent contre la nature elle-même.

Et d'abord jamais un peuple n'a formellement aliéné sa liberté. On a bien vu quelquefois des armées se choisir un général pour les guider au combat, ou des fractions du peuple s'attribuer l'autorité souveraine et la conférer à un chef sous des conditions déterminées. 1830 nous en offre un exemple récent. Deux cents députés de la classe bourgeoise, dont le mandat, étranger à un pareil acte, était d'ailleurs détruit, ont conféré à un des leurs et à ses descendants une partie du pouvoir souverain, qu'ils usurpaient eux-mêmes. Mais jamais l'on n'a vu tout un peuple se livrer volontairement et sans réserve à un maître, par un consentement formel. Le simulacre d'élection de Napoléon lui-même n'avait pas ce caractère.

Quoi qu'il en soit, que le consentement fût exprès ou tacite, il n'a jamais pu être donné valablement.

En effet, pour que ce consentement fût réel, il faudrait qu'il fût unanime ; il faudrait que tous les intéressés, sans exception, hommes et femmes, y eussent concouru. Quand il s'agit de l'existence même du souverain, la majorité n'a pas le droit d'engager la minorité. Nul ne peut me contraindre à abandonner les droits que je tiens de la nature, l'on peut moins encore me les enlever, et un seul dissentiment suffit pour annuler le contrat.

En admettant que ce consentement unanime se formulât dans un moment donné, il ne pourrait avoir pour résultat de transmettre la souveraineté. Le peuple ne peut l'abdiquer sans cesser d'être ; car c'est la souveraineté qui constitue son existence, et l'aliéner, ce serait tuer le corps moral du peuple, pour ne laisser qu'un troupeau d'esclaves ou une agglomération de sujets. Ce serait un suicide. C'est une contradiction : quand un peuple fait acte de souveraineté en choisissant un mandataire, un fonctionnaire quelconque, ce n'est pas pour s'annihiler, c'est au contraire pour s'assurer l'existence et le bien-être. La raison n'admet pas que le mandant puisse donner pouvoir au mandataire de l'anéantir, ou plutôt que le mandat soit le titre du renoncement de soi-même. Le maître ne prend pas un serviteur pour se dépouiller de ses biens, de sa liberté, de sa vie. Le peuple peut conférer l'exercice de son pouvoir, en tout ou en partie, pour un acte ou une fonction déterminée ; mais en le faisant, il n'abandonne pas le pouvoir en vertu duquel il agit, il n'abdique pas sa souveraineté, il l'exerce. Il peut toujours vouloir et agir, car sa volonté est permanente, elle se manifeste incessamment, elle se produit à chaque instant. Comme Dieu qu'il représente sur la terre, le peuple est éternel ; il veut toujours, il doit pouvoir agir sans cesse.

Il peut aujourd'hui révoquer les pouvoirs qu'ils a conférés hier. Il ne peut les déléguer pour un temps fixe, car ce serait renoncer à son pouvoir souverain pendant ce même temps; ce serait enchaîner sa liberté; ce serait cesser de vivre comme peuple, être collectif pendant un temps déterminé, et livrer des armes à l'aide desquelles le souverain temporaire pourrait éterniser son pouvoir.

Je vais plus loin. La délégation de la souveraineté pour un temps fixe fût-elle légitimement possible aujourd'hui, demain elle ne serait plus valable. Le peuple n'est pas un individu, c'est un être moral composé de tous les citoyens. Il change à chaque instant; il se renouvelle chaque jour, et le contrat fait par le peuple d'aujourd'hui ne peut lier le peuple de demain. Il n'est pas obligatoire pour ceux qui n'étaient pas nés ou qui, par leur âge, n'ont pu y participer. En un mot, la génération présente ne peut disposer des droits des générations à venir. Le peuple souverain ne peut donc conférer que des fonctions spéciales et essentiellement révocables. Il ne peut élire un chef unique, à vie. Il ne peut même pas déléguer des fonctions particulières pour un temps déterminé. Toutes les attributions de pouvoir ou d'autorité ne peuvent être faites qu'à ceux qui, par leurs aptitudes personnelles, sont capables de les remplir. Si le peuple reconnaît qu'il s'est trompé ou qu'il a été induit en erreur, il doit pouvoir toujours révoquer son mandat, sans que le mandataire ait le droit de s'en plaindre, car la fonction n'est pas sa chose, elle est celle du peuple pour l'utilité duquel elle a été créée; et un homme politique quelconque qui veut obtenir des fonctions ou les conserver, dans son intérêt personnel, doit, par ce seul fait, être repoussé comme indigne.

A plus forte raison ne peut-on aliéner la souveraineté pour être transmise héréditairement dans une famille. Indépendamment des motifs qui font rejeter l'idée d'un pouvoir à terme, il existe ici une raison capitale, c'est que l'hérédité n'offre aucune garantie; elle est en contradiction avec la cause même de l'existence des pouvoirs; elle est destructive du but de leur institution. Lors même que le père aurait légitimement possédé, par la volonté persistante du peuple, les attributions de la souveraineté jusqu'à sa mort, rien ne prouve que ses enfants auront les mêmes titres à la confiance populaire. C'est presque toujours le contraire qui arrive. Comprend-on que le monde soit gouverné par un idiot ou par un enfant au maillot? L'hérédité politique est la plus monstrueuse de toutes les absurdités imaginables.

Aussi n'est-ce pas en ce sens que la souveraineté a été envisagée quand elle s'est perpétuée dans les familles par voie de succession. L'on n'a pas vu dans le pouvoir ce qu'il y a réellement, une fonction, une charge créée dans l'intérêt commun; mais un droit individuel, une propriété. Conquise par la force, la souveraineté a été considérée comme un bien propre à celui qui a su l'usurper. Les rois, devenus propriétaires de leur royaume et maîtres de leurs sujets, au même titre que l'on est devenu propriétaire d'un domaine et des bestiaux attachés à son exploitation, ont transmis à leurs enfants la souveraineté comme un patrimoine; et l'on a vu les princes, à la mort de leur père, se partager les peuples et leur territoire, comme les enfants se partagent les biens qui composent la succession paternelle. Et dans les temps modernes, malgré les progrès de la raison humaine, ces usages ont été maintenus, non par le peuple, mais par les aristocraties qui, toujours, ont disposé du sort des nations. Certaines classes ont vu dans cette transmission du pouvoir un gage de repos et de stabilité, sans se souvenir des guerres de successions, des désastres causés par l'ambition des princes et des révolutions provoquées par la tyrannie des gouvernements monarchiques. Ceux qui possèdent les richesses sociales ont trouvé très juste que les mêmes lois qui régissent leurs affaires particulières fussent aussi la règle des affaires générales; et ils ont cherché dans l'hérédité politique une garantie de leur bien-être individuel, sans se soucier des droits violés, sans penser aux révoltes imminentes de la raison opprimée, et aux incompressibles mouvements des peuples victimes de cette spoliation. Mais on ne saurait trop le répéter, le pouvoir n'est pas une faveur, c'est une charge; les fonctionnaires, à tous les degrés, ne sont pas les maîtres, ils sont les serviteurs du peuple. L'exercice de la souveraineté déléguée n'est pas une propriété; celui qui en est investi ne peut donc point la transmettre; il ne peut ni la vendre, ni l'échanger, ni la donner, ni la laisser par succession héréditaire.

Enfin si la souveraineté est une et indivisible dans le peuple, les fonctions administratives sont très nombreuses. Le pouvoir contient autant de fonctions diverses qu'il y a de genres de travaux différents dans la vie sociale. Le mandat ne peut donc être général, car il n'est pas un homme capable d'exercer toutes les fonctions. Ce mandat doit être conféré spécialement à chaque individu pour chacune des attributions spéciales. Il doit donc y avoir autant de mandataires que de fonctions; et tout ces mandataires sont des délégués du peuple, ils sont ses serviteurs, ils ne sont pas les serviteurs les uns des autres; chaque fonctionnaire ne relève que du peuple et n'a, sur les autres, que l'autorité hiérarchique que le souverain lui attribue quand elle est nécessaire à l'exécution de son mandat. L'aristocratie ou l'oligarchie n'est donc pas plus légitime que la monarchie. Les fonctionnaires ne forment pas une classe ou un corps à part ; ils ne relèvent tous individuellement que du peuple, sans lien entre eux ; de même que la domesticité d'une grande maison ne forme pas un corps moral, mais n'est composé que d'individus relevant tous de l'autorité directe du maître.

En résumé, la souveraineté appartient au peuple seul et collectivement. Elle est indivisible. Elle est inaliénable et imprescriptible. Le peuple confère des fonctions spéciales pour l'accomplissement de chaque genre de travaux sociaux ; il attribue des pouvoirs particuliers à ceux que la nature lui indique comme les plus capables et les plus dignes de le servir, mais ces pouvoirs sont toujours révocables à sa volonté et les fonctionnaires sont toujours responsables envers lui, même comme de simples mandataires. Ceci revient à dire que le peuple se gouverne et s'administre lui-même ; et les attributions administratives ne sont qu'un genre particulier parmi toutes les fonctions sociales.

S'il ne peut aliéner l'administration de la chose publique, le peuple ne peut, à bien plus forte raison, aliéner cette chose elle-même ; et l'usurpation du domaine national n'est pas plus légitime que l'usurpation de la souveraineté gouvernementale.

Mais, de même que de tout temps l'on a usurpé la souveraineté du Peuple, de tout temps aussi la conscience humaine, plus forte que les sophismes, n'a jamais cessé de protester contre l'usurpation et de se soulever contre la tyrannie. D'un autre côté, toujours des hommes ou des partis ont cherché à renverser les pouvoirs établis pour s'élever sur leurs ruines ; de là, deux sortes d'oppositions ; l'une, composée d'ambitieux qui ne combattent les pouvoirs existants que dans un intérêt personnel, d'intrigants qui veulent les renverser afin de se mettre à leur place et exercer l'autorité avec une nouvelle rigueur. Pour le Peuple cette opposition n'a d'autres résultats qu'un changement de maîtres et une aggravation de misère. L'autre, inspirée par l'esprit de vérité, est faite, au nom des principes de l'éternelle justice, par les hommes qui, se consacrant à la cause des faibles et des opprimés, luttent pour l'affranchissement du genre humain. La première a fait naître des troubles civils, des guerres de partisans dans lesquelles on a vu des rivaux se disputant l'empire à la tête des armées qui leur étaient confiées pour la défense publique ; des frères assassinant des frères et leur postérité ; des familles princières divisées en branche aînée et en branche cadette, s'arrachant le pouvoir à l'aide de tous les crimes ; les castes, les classes, les partis aristocratiques se disputant l'autorité par le fer et par le feu ; la noblesse et la royauté se détruisant réciproquement; la bourgeoisie détruisant l'une et l'autre, et créant elle-même une nouvelle aristocratie et une nouvelle royauté à son usage. La seconde opposition a produit cette longue chaîne de précurseurs et de tribuns dont chaque anneau a été, à un certain degré, un apôtre ou un soldat de l'humanité, et elle a détruit successivement tous les pouvoirs qui se sont élevés les uns sur les autres pour opprimer les peuples.

L'une et l'autre ont accompli les révolutions qui ont transformé les sociétés humaines.

CHAPITRE IX.

Des Révolutions.

Tout changement qui se produit dans l'organisation et le gouvernement des sociétés est une révolution.

L'histoire de l'humanité n'est qu'une suite non interrompue de révolutions. C'est par elles que le monde se transforme et qu'il accomplit ses destinées ; c'est aussi par les révolutions que, parfois, l'on parvient à l'arrêter pour un temps dans sa marche progressive, et à lui faire remonter violemment le cours des âges.

Les partis politiques sont donc tous plus ou moins révolutionnaires, car tous veulent changer ce qui est au profit de leurs croyances ou de leurs intérêts ; et, par suite de l'hostilité des intérêts divers, jusqu'ici les révolutions ont presque toujours été violentes. En remontant seulement à soixante années dans notre histoire nationale, on voit tour à tour les hommes de toutes les opinions, — royalistes et républicains, aristocrates et démocrates, légitimistes, bonapartistes, orléanistes et socialistes, — proclamer le droit d'insurrection et recourir aux luttes armées pour faire triompher leur cause. « Quand le gouvernement viole les droits du peuple, di-
« saient les grands révolutionnaires du dernier siècle,
« l'insurrection est le plus sacré des droits et le plus in-

« dispensable des devoirs. » D'un autre côté, depuis l'établissement de la République, les organes des partis monarchiques ont en quelque sorte divinisé la guerre civile dans un langage dont le cynisme égale la férocité : « La guerre civile, disent-ils, est de toutes les guerres « la plus raisonnable et la plus sainte. Elle doit apparaître comme la guerre sacrée. Nous devons y pousser « de tous nos efforts, c'est un devoir sacré. Elle est la « plus magnifique guerre, le fait le plus adorablement « providentiel. La guerre civile ! ajoutent ces sauvages du « dix-neuvième siècle, la guerre civile ! ce prosélytisme, « ce martyre à main armée, devra être envisagé sans « fausse horreur et sans faiblesse ; gardons-nous bien de « l'insulter ; c'est la dernière ressource des sociétés per- « dues, le creuset brûlant où se recomposent les nations. « L'espèce d'horreur qu'on a pour elle est un sentiment « tout moderne, un sentiment de cœur énervé que nos « pères ne connaissaient pas. Les nations fortes, à con- « victions profondes, n'ont jamais ressenti rien de pareil « à ce frisson qui nous glace et qui nous domine, quand « il s'agit de répandre le sang de ceux-là qu'on appelle « des concitoyens. Quand l'ordre a été profondément « troublé, il ne se rétablit plus que dans le sang. Mais il « faut que la guerre civile soit implacable pour qu'elle « soit plus tôt finie ! » Voilà le langage qu'un journal légitimiste peut tenir impunément sans que le gouvernement cherche à le réprimer. Bien plus, l'on a pu entendre, en pleine audience de Cour d'assises, des magistrats accepter de telles doctrines et approuver la guerre civile quand elle a pour but de soutenir ce qu'ils appellent l'ordre et la société.

Et l'on ne s'est pas renfermé dans de vaines théories. Depuis soixante ans nos guerres intérieures et étrangères, la Vendée et Coblentz, thermidor, brumaire, 1814 et 1815, novembre 1831, juin 1832, avril 1834, mai 1839, juin 1848, chacune de ces dates rappelle les combats du vieux monde contre l'esprit démocratique, dont les principales victoires s'appellent le 14 juillet, le 10 août, juillet 1830 et février 1848.

Cependant, réservé exclusivement aux victoires du progrès, le grand mot de RÉVOLUTION a reçu, dans le langage politique, une signification injurieuse, et la qualification de RÉVOLUTIONNAIRE a été jetée à la face des démocrates comme un outrage. Ainsi les différents partis successivement détrônés ont pu condamner dans le peuple le même fait par lequel ils avaient eux-mêmes conquis le pouvoir.

Ce nom de révolutionnaire, le parti républicain l'accepte comme un titre glorieux, et nous conserverons celui de contre-révolutionnaires aux hommes qui, par une orgueilleuse pensée de domination, prétendent opposer leur volonté perverse à l'éternelle volonté de Dieu, à la loi immuable du progrès.

Entendue ainsi dans le sens exclusivement progressif, une révolution, en effet, est un acte essentiellement légitime, un événement providentiel ; en l'accomplissant la société ne fait qu'exécuter la loi de son existence. Sans les révolutions le monde serait encore dans l'enfance, l'humanité vagissante croupirait dans un état pire que la sauvagerie, et l'homme, rampant comme les animaux, serait obligé de leur disputer péniblement sa nourriture dans des luttes inégales où il finirait par succomber et disparaître infailliblement, comme se sont perdues tant de races dont la science peut seule nous attester le passage sur la terre. Spécialement, sans les dernières révolutions de la France, nous serions encore des serfs, des manants et vilains, taillables et corvéables à merci.

La révolution, c'est le perfectionnement en action ; c'est l'humanité en marche vers l'avenir, obéissant à ses destinées en vertu de la même loi qui commande à l'homme de grandir et se développer, au fleuve de couler, à la terre de tourner.

Les révolutions se font de deux manières : elles sont ou pacifiques ou violentes.

Si le monde n'éprouvait point d'entraves dans sa marche ascensionnelle, la Révolution s'accomplirait régulièrement et pacifiquement dans l'humanité comme dans l'univers matériel ; chacun contribuerait, selon la mesure de ses forces, au perfectionnement de la société ; et toutes les puissances sociales, individuelles ou collectives seraient consacrées à leur unique destination : le bonheur commun.

Mais il est dans la nature des pouvoirs illégitimes de vouloir conserver leur autorité et même de l'augmenter indéfiniment, jusqu'à ce qu'elle n'ait plus de limites. Tels qu'ils ont été constitués jusqu'ici, les gouvernements sont des personnes morales, ayant une existence propre, en dehors et à côté de celle de la nation ; ils confèrent à ceux qui en sont investis des droits positifs distincts et des intérêts contraires à ceux du peuple. Entre les mains de ceux qui la possèdent, l'autorité est considérée comme une propriété ; ils cherchent naturellement à la faire prospérer pour la transmettre à leurs héritiers plus forte et plus étendue, comme un père de famille veut laisser à ses enfants le patrimoine qu'il a reçu de ses ancêtres, augmenté de tout ce qu'il a pu y ajouter lui-même. Les gouvernants s'opposent donc à tout ce qui tend à restreindre leur autorité, ou à détruire les priviléges sur lesquels elle s'appuie. Toutes les idées de liberté ou d'affranchissement populaire, tous les principes d'égalité qui cherchent à pénétrer dans les institutions sociales sont leurs ennemis ; les atteintes portées à leur domination semblent autant de violations de ce qu'ils appellent leurs droits ; la destruction de leur pouvoir est un vol, et pour défendre leurs intérêts personnels, ils tournent contre le peuple toutes les puissances qu'en vertu de ce même pouvoir ils puisent dans le peuple lui-même.

Cet antagonisme produit entre les peuples et les gouvernements un état d'hostilité perpétuel. Les forces vives de la nation sont détournées de leur but et employées à des travaux improductifs. Tout ce que la société renferme de puissant par l'intelligence, le talent et le génie, au lieu de servir au bien général, est consacré à des luttes longtemps sourdes, souvent inaperçues, mais incessantes, entre le despotisme et la liberté, entre le privilége et l'égalité, et qui, lorsque la compression devient intolérable, éclatent en explosions formidables. Ces crises ont des causes profondes et identiques : les iniquités des dominateurs du monde; elles sont déterminées par des circonstances futiles en apparence et imprévues; elles entraînent toujours des conséquences accessoires pleines de périls et de douleurs.

Ce sont les révolutions violentes.

De quelque manière qu'elle se manifeste, rien ne peut arrêter la Révolution. Elle est infaillible pour les uns, inévitable pour les autres ; et ceux-là mêmes qui veulent lui fixer un terme, n'existent que par elle. La Révolution s'accomplit incessamment, et tout y concourt, amis et ennemis, peuples et rois. Tout la sert, même les obstacles que cherchent à lui opposer les partis rétrogrades et les intérêts contraires. On peut bien la retarder pendant un temps plus ou moins long, mais elle reprend bientôt sa course plus rapide et plus directe. Si les gouvernants laissent propager librement les idées, elle se fait par la raison; s'ils veulent la comprimer, elle se fait par l'indignation. Il n'est pas plus possible d'arrêter la marche de la Révolution, qu'il n'est possible d'arrêter un fleuve dans le lit que la nature lui a creusé; et à tenter de faire rétrograder le monde vers le passé, la folie serait aussi grande que de vouloir faire remonter les eaux vers leur source.

Elle est devenue banale tant elle est vraie, cette métaphore qui figure le progrès, c'est-à-dire la Révolution, semblable à un fleuve dont les eaux calmes et profondes répandent la richesse et la vie dans les contrées qu'il parcourt; si l'on veut le resserrer dans un lit trop étroit, il devient tumultueux; si l'on essaie de l'arrêter par des barrages, ses eaux montent, montent toujours, jusqu'à ce qu'elles passent en tourbillons écumeux par dessus les digues, ou qu'elles les entraînent avec fracas; alors il devient un torrent impétueux, et jusqu'à ce qu'il ait repris son libre cours, il porte la désolation et la mort dans le pays qu'il devait fertiliser.

Les auteurs des ravages causés par les débordements du fleuve sont les insensés qui ont voulu en arrêter le cours; les criminels qui provoquent les crises révolutionnaires sont ceux qui veulent opposer des digues au progrès social, et qui, par la compression et la tyrannie, déterminent les soulèvements populaires. La responsabilité de ce que l'on entend dans le langage ordinaire par le mot révolution, c'est-à-dire le renversement par la force, des institutions existantes, et la destruction violente des pouvoirs constitués, n'est donc imputable qu'aux mauvais gouvernements; et les anarchistes, les hommes de violence et de désordre sont précisément ceux-là qui, soit au pouvoir, soit dans les partis jaloux, par un inconcevable abus de mots, s'attribuent le monopole exclusif de la justice et de la modération (1).

Il importe de déterminer exactement les droits et les devoirs de chacun dans ces événements immenses. Plus leur action sur le sort du monde est puissante, plus il faut apporter de maturité et de précision dans l'application des rôles et la balance des responsabilités.

(1) L'un des plus grands champions de la monarchie vient de faire l'aveu de cette vérité dans un long article où il démontre que les *classes révolutionnaires*, ce sont les *classes supérieures* et la *bourgeoisie*. Voici un passage qu'il est bon d'enregistrer, parce qu'il est significatif dans les colonnes de ce journal :

« Que furent, au moyen âge, les révolutions de Florence, de « Pise, de Gênes et des Républiques italiennes en général? *La « guerre de quatre ou cinq familles qui se disputaient à main « armée le gouvernement de leur pays.* C'étaient elles qui soule- « vaient le peuple, qui l'excitaient, qui l'entraînaient dans leurs « luttes ambitieuses et qui l'arrachaient au travail pour le jeter « dans les séditions. — Les choses se passent exactement de « même en France depuis soixante années ; et malgré les préju- « gés contraires, *il n'est pas vrai de dire que ce soit le peuple « qui y entretient l'agitation politique et qui y fait les révolu- « tions.* »

CHAPITRE X.

Des Droits et des Devoirs en matière de Révolutions.

Nous allons aborder des problèmes que chacun a résolus sans discussion, au gré de ses désirs et de ses passions, et sur la solution desquels j'ai le regret de n'être d'accord avec aucun parti. Cette prétention semblera d'une grande témérité, surtout à ceux qui, dans chaque camp politique, ont la prétention, bien autrement outrecuidante, de se poser comme chefs et comme régulateurs suprêmes des volontés et des actes de ceux qu'ils appellent leurs soldats. C'est, à mes yeux, un motif de plus pour émettre ma pensée franchement, sans réticence, et pour la soutenir, même contre les hommes que j'estime le plus dans le parti républicain. Je veux détruire des erreurs qui ont toujours été fatales à la cause que je sers. Or, cette cause n'est point celle d'un parti, c'est celle du Peuple, et si, par une habitude contractée dans le langage politique, l'on confond ordinairement avec le Peuple, le parti républicain qui défend ses droits, la vérité est cependant que le Peuple n'est d'aucun parti; il n'en a ni les intérêts, ni les passions. Trop longtemps il a été victime des erreurs des uns et des crimes des autres, il est leur maître à tous; il doit pouvoir les juger souverainement.

Je l'ai suffisamment démontré, les droits du Peuple sont

incontestables. Il puise dans sa souveraineté un pouvoir absolu. Une seule chose lui est interdite : il ne peut ni abdiquer sa souveraineté, ni l'aliéner, même temporairement. A part cet acte, qui serait un suicide, le Peuple peut faire tout ce qui lui convient. Il a le droit de modifier sa constitution et ses lois, il doit même les tenir constamment en harmonie avec les progrès qui s'opèrent chaque jour dans la société. Il a donc aussi la faculté de retirer à ses mandataires les pouvoirs qu'il leur a délégués. Il peut congédier ses serviteurs. Il doit détruire, chaque fois qu'elle se produit, la tyrannie des hommes et des choses. Si les serviteurs résistent, il a le droit de les chasser ; s'ils se révoltent contre son omnipotence, il a le droit de les renverser ; s'ils veulent l'asservir sous leur autorité, il a le droit de les briser à l'aide de tous les moyens dont on ne lui a pas enlevé la disposition. Si les hommes chargés du gouvernement tiennent leurs pouvoirs de l'élection, la même volonté qui les leur a conférés peut les leur ôter. S'ils ont usurpé l'autorité, le Peuple peut toujours la revendiquer. Dans l'un ou l'autre cas, un peuple, que des agents infidèles ou des partis ambitieux voudraient soumettre au joug de la servitude, peut légitimement mettre sa force au service de son droit. Qu'il choisisse son jour et son heure, ce n'est là qu'une question de prudence ; il a le droit et le devoir de briser les entraves que des usurpateurs veulent opposer à sa volonté souveraine. S'il le fait dans des circonstances inopportunes, il peut succomber ; mais sa défaite n'infirme pas son droit. Aussi, chose digne de remarque, la cause du Peuple a souvent éprouvé des échecs déplorables, jamais elle n'a été vaincue définitivement ; elle se relève plus forte de ses propres défaites ; tôt ou tard elle finit par triompher ; et tandis que le vieux monde ne fait que suspendre pour un instant sa décadence mortelle, ses victoires, à elle, sont toujours décisives.

Voilà le droit du peuple. Quel est celui des partis?

Il n'y a point de droit contre le droit. Il est évident que l'action des partis politiques n'est légitime qu'autant qu'elle a pour but de servir les intérêts du souverain. Tout ce qui tend à arrêter le monde dans son mouvement progressif ou à le faire reculer vers le passé est contraire à la justice. Les partis qui veulent usurper la souveraineté ou enlever l'autorité aux hommes qui la possèdent pour s'en emparer eux-mêmes sont donc coupables au premier chef, et les tentatives révolutionnaires faites en vue de ce résultat sont les plus grands forfaits que l'homme puisse commettre. « Une révolution qui n'a pas pour but d'améliorer profondément le sort du peuple, disait Robespierre, n'est qu'un crime remplaçant un autre crime. »

Des deux sortes d'oppositions signalées précédemment, une seule est donc légitime : c'est celle qui veut donner au peuple, avec le plein exercice de sa souveraineté, le moyen nécessaire pour accomplir le perfectionnement social.

Ici se présente une question extrêmement grave, car elle touche à ce qu'il y a de plus sensible dans le rôle politique du parti révolutionnaire. C'est la question de savoir quelle est la nature et l'étendue des droits et des devoirs attribués aux défenseurs de la cause populaire. Il est essentiel de bien préciser ces points si délicats. Entraînés par l'ardeur enthousiaste qu'inspirent aux nobles cœurs et la grandeur des sentiments qui leur ont fait embrasser l'opinion démocratique, et la sainteté du but qu'ils se proposent, et la générosité des efforts nécessaires pour l'atteindre, les républicains ont commis souvent des fautes dont la source se trouve dans des erreurs funestes à leur cause et à eux-mêmes. L'on a vu des hommes à l'esprit élevé, à l'âme chevaleresque, compromettre, par des mouvements précipités, le succès des idées au triomphe desquelles ils avaient voué leur existence, et échanger l'apostolat fécond contre un glorieux mais impuissant martyre. D'autre part, ceux qui, par une imitation ambitieuse des errements monarchiques, s'attribuent la direction de la démocratie, ont souvent arrêté les démonstrations spontanées des masses, et, substituant les petites combinaisons de leur jugement faillible aux grandes inspirations de l'esprit républicain, ont paralysé d'invincibles manifestations de la volonté populaire.

Or, selon moi, le devoir du parti qui a embrassé la cause du peuple, c'est de préparer la Révolution par la propagation des idées et la diffusion des lumières. Il n'a le droit ni de provoquer ni d'empêcher les explosions insurrectionnelles. C'est ce que je vais essayer de démontrer.

Nous avons reconnu que chacun doit rendre proportionnellement à ce qu'il a reçu, et consacrer à la société le produit des forces que la nature lui a données. Les facultés se perdent dans l'inaction. Celui qui les laisse improductives est semblable à ce mauvais serviteur qui avait enfoui le talent à lui confié par son maître; il lui sera retiré pour être donné à ceux qui en feront un usage utile.

La conséquence de ce principe, c'est que, d'une part, l'homme doit révéler ses inspirations, produire ses idées, soumettre à l'opinion publique les conceptions de son cerveau; il doit les proclamer bien haut, en démontrer la justesse, et les répandre par la persuasion jusqu'à ce qu'elles soient réalisées ou convaincues d'erreur. D'autre part, quand une idée d'amélioration sociale est acceptée par l'opinion, quelle qu'en soit l'origine, chacun doit mettre son bras au service de sa foi, et concourir, dans la mesure de ses forces, à l'œuvre de réalisation. . .

. . . .

. . . .

. . . .

Telle est l'étendue des devoirs du citoyen ; elle détermine la limite de son droit.

Dieu seul est infaillible. Nul ne peut affirmer la vérité absolue. Dans les œuvres de l'homme, à la vérité se trouvent toujours mêlées quelques erreurs ; et quand même un Messie apporterait au monde la science complète de l'avenir, il n'aurait pas le droit de la lui imposer. Le devoir de chacun est de soumettre ses conceptions au jugement de ses semblables, d'en prouver l'efficacité ; l'on n'a pas le droit de les faire adopter par contrainte. Si le peuple ne veut pas y croire, ou s'il les repousse, il peut être dans l'erreur, il est dans son droit. On ne peut l'obliger à être heureux malgré lui : ce serait une contradiction.

L'histoire de l'humanité offre un exemple incomparable de cette vérité. La doctrine évangélique est assurément la plus grande révélation de la pensée divine. L'Évangile renferme l'idéal le plus parfait d'organisation sociale ; il contient en germe tous les principes qui doivent conduire le monde à ses fins providentielles ; et pourtant le Christ, incarnation la plus complète de l'esprit de Dieu, n'a pas eu la prétention d'imposer ses idées. Il les a prêchées aux pauvres, aux hommes de bonne volonté ; il a envoyé ses disciples pour les propager, mais en leur disant : Laissez au vieux monde ce qui lui appartient; faites la part du temps, des lieux, des circonstances ; soumettez-vous aux lois établies tant qu'elles existent : rendez à César ce qui est à César ; mais propagez la vérité que je vous ai révélée, elle donnera au monde la paix et le bonheur ; préparez les voies de l'avenir, le règne de la justice : rendez à Dieu ce qui est à Dieu. Et les apôtres ont confessé leurs croyances ; ils ont proclamé la doctrine du maître, et par la parole ils ont changé la face du monde.

Donc, nul n'a le droit de provoquer directement le peuple à l'insurrection. De même aussi, nul n'a le droit de le retenir quand il veut se soulever contre ses oppresseurs.

Il n'appartient à personne de commander des mouvements insurrectionnels, dans lesquels sont engagés et le succès de la cause et la liberté ou la vie de ses défenseurs. Il n'appartient à personne d'endormir le peuple dans une inaction calculée.

L'insurrection n'est légitime qu'autant qu'elle est la réalisation d'une révolution accomplie dans les esprits.

Sans doute le peuple ne peut jamais y participer tout entier, et la *Déclaration des droits*, placée en tête de la Constitution de 1793, avait soin de dire : « Quand un « gouvernement viole les droits du peuple, l'insurrection « est pour le peuple, *et pour chaque portion du peuple*, « le plus sacré des droits et le plus indispensable des de« voirs. » Bien plus, les explosions insurrectionnelles sont toujours faites par une faible minorité, soit parce que le peuple ne se trouve jamais réuni en entier sur le champ de bataille, soit parce que beaucoup de ses membres ne veulent pas y jouer leur vie ou leur liberté. Mais les citoyens qui, par leur position ou leur courage, y prennent une part active, doivent traduire la pensée dominante. Il faut que la généralité des populations y concoure, au moins de consentement, parce que, dans ce cas seulement, la révolution est accomplie, et l'insurrection n'est plus que la consommation d'un fait préexistant. Mais alors aussi, quand la révolution est préparée dans l'opinion publique, nul ne doit, par des combinaisons particulières, empêcher qu'elle se réalise dans les institutions, soit législativement, soit par tous les autres moyens que la résistance du despotisme rend nécessaires.

La révolution sort de l'idée comme le fruit sort de la fleur. L'homme doit le cultiver ; mais il ne peut ni le cueillir avant sa maturité, ni le maintenir à la branche quand il est mûr ; dans l'un comme dans l'autre cas, ce serait s'exposer à le perdre. Les insurrections intempestives ne produisent jamais de bons effets ; on les compromet en les précipitant ou en les retardant. Or, l'opportunité d'une insurrection ne se discute ni ne se délibère ; cela ne peut même ni s'observer ni se juger : c'est le résultat du concours de toutes les volontés vers un même but ; et les phénomènes qui se passent au fond des consciences ne peuvent être connus que quand ils se manifestent par le fait même de ce concours, par l'acte insurrectionnel.

Si la révolution ne se produit pas spontanément, cela seul prouve qu'elle n'est pas l'expression du sentiment général. Alors l'insurrection est un acte de volonté individuelle, qui peut être inspirée par de généreuses pensées, mais qui n'exprime pas la volonté du souverain. Il en est de même de la soumission aux pouvoirs oppresseurs. Si elle est le résultat de timides conseils à la résignation dans la servitude, elle n'est l'œuvre que d'un homme ou d'un parti, et jamais on ne peut substituer sa sagesse personnelle au sentiment général. Dans l'un et l'autre cas ce serait faire, avec des intentions ordinairement bonnes, mais qui peuvent être quelquefois aussi le résultat de combinaisons fort peu désintéressées, ce que les usurpateurs de la souveraineté populaire font dans une pensée toujours criminelle.

CHAPITRE XI.

De l'Organisation de la Démocratie militante.

Le parti républicain nourrit une erreur qui a toujours été fatale à la cause humanitaire, c'est la manie de vouloir suivre les errements des pouvoirs qu'il combat, et, pour vaincre ses adversaires, de les imiter dans tous leurs procédés.

Les pouvoirs rétrogrades et l'opposition progressive partent de principes contraires, destructifs l'un de l'autre ; ils ont des drapeaux différents ; ils visent à un but opposé ; ils disposent de moyens d'action qui n'ont entre eux aucun rapport. Pour ne pas perdre ses forces, chacun d'eux doit rester sur son propre terrain, et user des moyens qui sont particuliers à sa nature. Si le parti révolutionnaire veut imiter les manœuvres de ses ennemis, il abandonne, sans compensation possible, les avantages qu'il puise en lui-même, et il doit infailliblement succomber. Par une organisation calquée sur celle des pouvoirs constitués, il devient aussi faible que ceux-ci le seraient s'ils commettaient l'imprudence de renoncer à ce qui fait leur force pour imiter la tactique que doivent suivre les révolutionnaires.

Par suite de cette anomalie, le parti révolutionnaire a tenté de se constituer sur le modèle de l'organisation militaire. Il veut avoir une hiérarchie, des chefs, une discipline, une direction; il croit que ce sont là les conditions indispensables du succès ; et il use d'inutiles efforts pour soumettre le peuple à la règle sous laquelle il cherche à se ranger lui-même.

L'on conçoit que quand plusieurs personnes se réunissent dans un but bien déterminé, soit pour propager une doctrine formulée d'une manière complète, soit pour accomplir un acte spécial, elles peuvent délibérer sur les points principaux, s'accorder sur les moyens, se distribuer les rôles et prendre la résolution de se conformer aux décisions arrêtées en commun. Ce sont là des éléments constitutifs d'une école ou d'une secte. Mais le peuple n'est pas une armée ; le socialisme n'est pas une école. Une telle organisation est contraire à l'essence même du parti révolutionnaire, et, à plus forte raison, à celle du peuple entier.

Par sa nature le parti républicain résiste à la règle. La notion d'organisation hiérarchique est destructive de la démocratie militante, et les mots révolution et discipline expriment, dans le sens vulgaire qu'on leur attribue, des choses complétement inconciliables.

La révolution est dans l'idée. Sa puissance est dans sa force d'expansion. Elle puise ses moyens dans la liberté d'initiative, dans la volonté individuelle et dans la spontanéité collective. Imposer des chefs au parti révolutionnaire, le soumettre à une règle arbitraire, c'est l'étouffer dans son principe, c'est le paralyser dans son action, c'est lui enlever tous les éléments de succès.

Ceci va soulever des objections nombreuses parmi nos coréligionnaires politiques. J'entends d'ici les vives réclamations de tous les hommes qui, soit par une ambitieuse pensée de suprématie, soit par une consciencieuse

8

mais fausse appréciation des principes révolutionnaires, persistent à croire que nous ne pouvons vaincre qu'en empruntant la tactique et les armes de nos adversaires. Comment, s'écrieront-ils, comment la démocratie pourra-t-elle triompher si elle n'est pas organisée? Comment la révolution pourra-t-elle s'accomplir si elle n'est pas dirigée? Comment le parti républicain pourra-t-il résister à ses puissants ennemis, s'il n'a pas comme eux des chefs, un plan, un mot d'ordre?

Séduits par le beau mot d'ORGANISATION, les plus sincères l'invoquent comme l'ancre de salut. Ce qui fait la force d'un parti, disent-ils, c'est sa discipline ; et ils n'aspirent qu'à ranger celui auquel ils appartiennent sous la règle qui préside à l'organisation des pouvoirs officiellement constitués.

L'on ne saurait le proclamer trop haut : oui, il faut que le parti populaire soit organisé ; mais entendons-nous bien sur ce mot, et prenons garde que cette organisation ne soit pas la désorganisation de la démocratie.

L'organisation, c'est l'harmonie. Pour qu'elle existe, il faut que tous les éléments de la chose organisée soient constitués selon les lois de sa propre nature. Si l'on transporte dans un ordre de choses déterminé les règles d'harmonie d'un autre ordre d'idées, l'on peut bien produire un certain résultat, mais ce n'est pas l'organisation ; c'est l'anarchie ou le despotisme. Jamais on ne parviendra à organiser la liberté avec les règles de la servitude ; jamais on ne pourra organiser la démocratie avec les principes de la monarchie ; et vouloir constituer l'opposition révolutionnaire sur les bases du vieux pouvoir gouvernemental, c'est tenter une chose contradictoire, absurde, impraticable.

Or, la constitution de la démocratie, comme quelques-uns la proposent et comme beaucoup d'autres essaient de l'établir, est manifestement contraire aux principes qui forment son essence. On veut la discipliner sous une autorité arbitraire; en veut lui donner des chefs et la soumettre à une direction centrale où viendrait aboutir toute initiative et d'où rayonnerait toute force d'impulsion. L'on établit des catégories; l'on crée des grades parmi les démocrates. Comme dans le régime monarchique, dont on conserve les mœurs, les uns auraient une supériorité de convention sur les autres. L'on veut établir une servitude bien plus odieuse que celle du corps, c'est la servitude de l'esprit : l'on veut asservir ce qui est insaisissable. Et l'on prétend même justifier cette constitution aristocratique en la basant sur une analyse inintelligente des principes.

Ce système contre nature a puisé récemment une nouvelle gravité dans la consécration que lui a donnée une réunion de républicains exilés, constitués à Londres en *Comité démocratique européen*. Il est professé dans un manifeste aux peuples, publié par le journal *le Proscrit* (1), sous ce titre : ORGANISATION DE LA DÉMOCRATIE. Le caractère éprouvé, le dévouement sincère et la haute position des auteurs de ce manifeste, lui donnent une autorité qui me détermine à l'adopter pour texte de la discussion.

Le Comité européen propose de constituer un foyer unique de propagande. Pour le réaliser, il part de cette idée que « les droits sont le résultat des devoirs accom-« plis ; » et il en conclut qu'il faut se réunir pour « mar-« cher avec ensemble sous l'œil des meilleurs, de ceux « qui ont le plus combattu et le plus souffert. »

(1) Numéro d'août 1850.

Le désir de combiner les forces de la révolution européenne est assurément fort louable, c'est le but de tous les démocrates; mais, dans leurs moyens d'application, les auteurs du manifeste oublient les notions les plus élémentaires de la démocratie.

Je l'ai démontré en thèse absolue : l'accomplissement des devoirs n'attribue aucun droit. Quand un républicain a fait tout ce qui était en son pouvoir pour le triomphe de sa foi, il n'a droit à aucune récompense. Ses opinions l'indiquent naturellement au choix du souverain pour l'exercice des fonctions publiques ; elles sont une garantie nécessaire de sa bonne gestion. Mais si le peuple lui confie une part quelconque de l'administration de la chose commune, c'est un nouveau devoir qu'il lui impose ; et il méconnaît complétement les principes fondamentaux, celui qui considère ces attributions comme un témoignage de gratitude et une récompense. Rappelons-nous ces paroles du grand législateur de la démocratie : « Le maître « se tiendra-t-il obligé à son serviteur d'avoir fait ce qu'il « lui avait commandé? Je ne le pense pas. Dites donc « aussi, lorsque vous aurez fait tout ce qui vous est commandé : Nous sommes des serviteurs inutiles; nous « avons fait ce que nous avons dû faire (1). »

L'erreur que je combats est très répandue. Elle est partagée par un grand nombre de républicains; elle a produit bien des mécomptes; et, il faut le reconnaître, la plupart des hommes qui ont exploité la confiance du peuple n'ont mérité le nom de traîtres que par les séductions d'une popularité aveugle. Cette erreur provient de la fausse idée que les institutions monarchiques ont implantée dans

(1) Évangile selon saint Luc, ch. XVII, v. 9, 10.

les mœurs sur le mérite de l'homme. L'on s'est habitué à considérer comme des supérieurs ceux qui ont reçu du Créateur des talents distingués par leur nature et leur étendue. Au lieu de voir dans les facultés dont chacun est doué des instruments destinés à l'utilité commune, on les envisage comme une propriété consacrée au service personnel de l'individu, de même que le sont encore aujourd'hui tous les instruments du travail social, depuis l'outil de l'artisan jusqu'à notre mère commune, la terre elle-même. Les facultés d'un ordre supérieur ont excité l'admiration des pauvres ignorants, comme la richesse excite le respect des sots ; et elles ont fait naître l'enthousiasme de la reconnaissance pour les hommes qui les ont employées à leur véritable destination : le bonheur de leurs semblables. Trompés par la ruse des uns ou séduits par la générosité réelle des autres, les peuples se sont élevé des idoles dans leur cœur, et de ces espèces de demi-dieux improvisés ont fait leurs chefs. De là à l'usurpation et à la servitude il n'y a qu'un pas. C'est ainsi que les notions de justice se sont altérées dans les esprits même les plus droits ; que l'ambition a empoisonné les sentiments les plus purs, et que des hommes, dans l'origine sincères et dévoués, l'idolâtrie populaire a fait des apostats et des despotes. L'histoire de Mazaniello est celle de presque tous les chefs révolutionnaires. Pour un Washington, combien l'on a vu de Cromwels et de Bonapartes !

L'on ne manquera pas de répondre, — car telle est assurément la pensée des hommes dont je combats l'opinion, — que cette institution aristocratique n'est pas faite dans l'intérêt de l'ambition ou de l'orgueil des chefs eux-mêmes, mais bien pour assurer le succès des principes que nous défendons ensemble.

Ce raisonnement n'est que spécieux. C'est avec de tels sophismes que de tout temps l'on a cherché à légitimer l'usurpation des pouvoirs. C'est aussi en invoquant l'intérêt du peuple que les royalistes prétendent rétablir leur principe d'absolutisme. J'en suis convaincu, les membres du Comité démocratique européen sont ici dupes de préjugés invétérés par le temps, et dont ils n'ont pas su se défendre assez. La preuve en est dans les termes mêmes de leur manifeste.

Que signifie, en effet, ce mot de DROITS, placé à côté de celui de DEVOIRS, comme deux corrélatifs inséparables? Pourquoi celui qui a rempli un devoir social aurait-il droit à la direction ou à l'administration de la chose publique? Entre les mains de celui qui en est investi, le pouvoir, le commandement est-il un domaine? Le Comité européen pense-t-il donc qu'un démocrate peut y aspirer comme à la récompense de ses travaux?

Une telle prétention est le renversement de tous les principes ; ce n'est rien autre chose que la régénération des idées monarchiques sous le patronage de la démocratie. Quand le peuple, dans ses actes, n'obéit qu'aux inspirations d'un homme ou des chefs d'un parti, il n'est plus qu'un roi en tutelle ; ses enfants les plus courageux et les plus dévoués ne sont qu'une armée plus ou moins nombreuse au service d'une volonté étrangère, vraie ou fausse, loyale ou perverse, bonne ou mauvaise. Les partis et leurs chefs n'expriment pas le sentiment intime des masses, qui seul légitime leur action : ils forment une église à part. Or, nul n'a le droit de se substituer au peuple ; ce serait en faire un instrument entre les mains de ceux qui le dirigeraient ; ce serait lui enlever sa souveraineté.

Qu'importe la pureté des intentions si les institutions sont mauvaises? Qu'importe la légitimité du but si les voies sont fausses et conduisent à un résultat opposé? Les moyens d'organisation que je combats sont destructifs de la fin qu'on se propose. Vainement la direction sera-t-elle attribuée à des hommes dévoués, sincères, capables, vertueux ; vainement les meilleurs républicains, « ceux qui ont le plus combattu et le plus souffert, » auront-ils l'intention de faire servir au triomphe de la cause les pouvoirs dont ils seront investis; le principe d'où l'on part est faux, il ne peut logiquement produire des conséquences justes. En politique, la théorie du mérite crée la supériorité, la suprématie, l'inégalité, en un mot l'aristocratie; et l'aristocratie ne peut conduire à la démocratie. En dépit d'eux-mêmes, les chefs deviendront fatalement des usurpateurs. Si c'est là de l'organisation, c'est celle du mal.

L'organisation du parti démocratique doit avoir pour objet d'imprimer à tous les efforts individuels une direction unique. Elle ne peut employer d'autres moyens que la libre obéissance de chacun et le concours de la volonté de tous, pour atteindre le même but. Le chef naturel et légitime de la démocratie n'est pas un homme ni un comité, c'est l'Idée qui commande; la discipline, ce n'est pas la soumission passive à une volonté arbitraire, c'est l'obéissance de chacun, individuellement, à sa propre volonté, dirigée par cette idée commune. Que les démocrates s'entendent, qu'ils concertent leurs efforts, qu'ils démontrent leurs idées, qu'ils se rallient par groupes autour des principes qui leur sont communs; bien! Mais point de chefs, point de discipline conventionnelle, point d'autorité directrice, car ce serait détruire ce que l'on veut fonder. La véritable organisation de la démocratie militante, c'est l'organisation morale, celle qui se fait spontanément sous l'influence de l'Idée.

Si c'est là ce que l'on entend par organisation; si, comme le fait entrevoir un article, remarquable d'ailleurs, signé Ledru-Rollin, l'on veut, pour universaliser l'idée démocratique, se borner à « concentrer en un effort collectif, des efforts jusque-là impuissants dans leur « solitude; opposer à la sainte alliance des rois la sainte « alliance des peuples, pour émanciper le monde et ré« sumer en un seul programme les idées sociales adop« tées dès aujourd'hui, pour ne pas perdre le fruit de nos « conquêtes; » si, comme il est dit dans un autre article non moins remarquable, dû à la plume de Ch. Delescluze, le Comité se borne à conjurer les savants, au nom de la France et de tous les peuples, de marcher au même drapeau, mais librement, et chacun selon ses forces et ses idées, — la grande organisation que l'on invoque comme l'arche d'alliance de la démocratie n'est plus qu'une puérilité, et ses chefs des personnages de comédie inutiles. Il est évident que ce travail se produit de lui-même. Le citoyen ne s'enrôle pas dans un parti comme le soldat dans un régiment. Par cela seul qu'un écrivain, un orateur, un penseur quelconque consacre sa vie au culte de l'humanité, il accomplit de lui-même la tâche qu'on prétend lui imposer. Tous les hommes qui travaillent à cette œuvre commune marchent nécessairement au même drapeau, quoique quelquefois ils y convergent par des voies différentes, et pour cela il n'est pas besoin qu'on les y conduise. Par cela seul qu'il en serait autrement, ils ne seraient pas démocrates, et tous les comités possibles ne parviendraient pas à les y rallier d'autorité.

Mais ce drapeau ne doit pas être un chef. Pour résumer le programme des idées sociales acceptées dès aujourd'hui, il n'est pas besoin d'un comité; et que ceux qui s'attribuent la dictature de la pensée démocratique adoptent ou réprouvent ces idées sociales, si elles sont admises par l'opinion publique, elles sont acquises à l'humanité, sans que les délibérations du comité puissent exercer sur elles d'autre autorité que celle de la raison. Encore une fois, le drapeau, c'est l'idée commune qui rallie nos efforts volontaires vers un même but. Le programme de la démocratie se compose des principes acceptés en un jour donné; il existe par cela seul qu'il est adopté par le parti; les chefs ne peuvent rien y ajouter ni en rien retrancher; ils ne sont eux-mêmes que les soldats, que les serviteurs de l'idée souveraine; ils ne lui commandent pas, ils lui obéissent.

D'ailleurs, l'autorité d'un homme ou d'un comité n'aurait aucune influence sur le parti républicain, parce qu'elle n'a point de sanction; l'autorité de l'idée, au contraire, est toute puissante, parce qu'elle s'impose par la conviction, et elle est obéie avec passion parce qu'elle l'est volontairement; elle commande en maîtresse absolue à celui qu'elle possède; elle le fait vouloir. La discipline militaire est impraticable là où elle est dépourvue de moyens coercitifs; la discipline morale a une autorité irrésistible; chacun obéit et personne ne commande, parce que chacun ne cède qu'à sa propre volonté, inspirée à tous en même temps par une idée commune, comme les bras obéissent à la tête. La discipline matérielle n'existe donc que de nom; elle se produit seulement lorsque la discipline morale existe, c'est-à-dire quand l'idée a pénétré dans l'esprit de chacun ; et si des révolutionnaires semblent se soumettre aux ordres qu'ils reçoivent, c'est encore à eux-mêmes qu'ils obéissent ; car le commandement n'est efficace que s'il est conforme à la volonté de celui auquel il s'adresse. C'est donc une vaine parade ; une imitation puérile des coutumes aristocratiques.

Si du moins ce n'était que cela. Mais une telle institution est bien près de devenir le despotisme. L'ascendant moral exercé par les hommes auxquels le peuple fait la folie de reconnaître des droits à la suprématie, a toujours été l'écueil de la vertu des uns et de la liberté des autres.

Et d'abord, avec les meilleures intentions du monde, les chefs peuvent se tromper. Tant qu'il ne s'agit que d'émettre des opinions, de formuler des théories, les penseurs doivent être dogmatiques. S'ils croient à la vérité de leurs doctrines, ils doivent les affirmer avec assurance et autorité. Voilà le droit et le devoir du philosophe. Mais quand il s'agit d'en faire l'application, c'est autre chose. Le rôle du législateur est tout différent, et il impose d'autres devoirs. Le peuple ne doit pas être exposé, comme une matière à expérimentation, aux conséquences extrêmement graves des erreurs possibles. Or, quelque confiance que les hommes aient dans la justice et l'efficacité de leurs idées, ils ne sont jamais certains eux-mêmes de bien faire. Ils ne sont infaillibles (relativement), et par conséquent leur direction n'est légitime, que s'ils reflètent fidèlement le sentiment général. Mais alors ils ne sont plus les chefs du peuple, ils sont ses serviteurs. L'homme modifie souvent ses idées ; il ne juge pas toujours les mêmes choses de la même manière, et on le voit quelquefois changer radicalement d'opinion sur les articles de foi les plus importants. Tel est précisément l'objet de l'apostolat. C'est ainsi que les prosélytes d'une religion nouvelle « brûlent ce qu'ils avaient adoré et adorent ce qu'ils avaient brûlé. » Quel sera le juge au milieu du conflit de ces opinions diverses et contradictoires? Ce juge, c'est le peuple. Seul, il peut apprécier souverainement la bonté et surtout l'opportunité des systèmes offerts à son expérimentation. L'opinion publique admet les idées qui lui paraissent justes ; elle repousse celles qui lui semblent mauvaises, soit parce qu'elles sont fausses, soit parce qu'elles sont prématurées ; car l'opportunité d'un principe, quand il s'agit de le traduire en faits, n'importe pas moins à la société que sa justesse, et souvent les idées nouvelles n'ont d'autre tort que celui de vouloir s'imposer ou être appliquées trop tôt.

Et puis il est difficile de savoir si les hommes qui par leur opposition au pouvoir, ou leur propagande socialiste, obtiennent la confiance du peuple, seront les hommes qui conviendront pour l'action ou pour l'organisation. L'on a vu de grands philosophes, d'admirables tribuns, n'être que de mauvais soldats, ou des administrateurs incapables ; et tel qui remue le monde du fond de sa solitude par la hardiesse de ses conceptions et l'audace de ses pensées, n'est souvent qu'une illustre incapacité sur la scène révolutionnaire.

Admettons encore que les chefs reconnus par le parti républicain soient tous aussi braves dans la bataille qu'ardents dans l'opposition, et révolutionnaires aussi courageux que penseurs hardis; supposons, en un mot, qu'ils réunissent toutes les facultés spéciales nécessaires, peut-on savoir dans quel but ils travaillent? Appartiennent-ils à l'opposition légitime ou à l'opposition ambitieuse? Comment connaître leurs pensées secrètes? Comment lire au fond de leurs consciences? Pour mériter d'être chargés de la direction du parti et de l'administration des intérêts populaires, il ne suffit pas d'avoir combattu les pouvoirs existants, d'avoir détruit les gouvernements établis ; il faut encore savoir ce que l'on veut élever à la place, et souvent les hommes qui ont semblé dans la lutte les meilleurs défenseurs du peuple, sont ses plus dangereux ennemis après la victoire.

Enfin, les chefs eussent-ils d'excellentes intentions et fussent-ils parfaitement capables, ne peuvent-ils pas varier? Non seulement cela est possible, c'est généralement inévitable. A part quelques rares exceptions, l'homme se modifie fatalement avec le milieu dans lequel il se meut. Ce n'est pas lui qui change, la nature humaine est immuable, mais il subit les impressions de ce qui l'entoure ; et tout en restant tel que la nature l'a créé, avec ses facultés, ses passions, ses aptitudes, il ne se manifeste pas de la même manière dans les situations différentes où il se trouve placé. Ses passions ont d'autres aliments ; ses intérêts changent ; ses pensées, sa volonté reçoivent d'autres impulsions ; ses sentiments subissent l'influence des événements qui l'agitent, comme le corps ressent les impressions de l'atmosphère ; et il est aussi difficile à l'homme de soustraire son esprit à l'action des éléments du monde moral, que de soustraire son corps aux sensations de l'air qu'il respire. De tous les hommes que les circonstances ont élevé au commandement, bien peu ont pu subir, sans succomber, cette redoutable épreuve. Il faut apparemment une âme bien supérieure à ce que l'on doit humainement attendre de notre espèce, pour résister aux séductions du pouvoir. L'on veut que l'homme soit vertueux, et on le met dans une situation où il ne pourrait l'être qu'en participant de l'infaillibilité divine. On ne veut point de despotisme, et l'on crée des institutions qui le font naître inévitablement; on place l'homme sur des hauteurs qui donnent le vertige, et l'on ne veut pas que la tête lui tourne! Puis, quand le peuple se voit trahi par ceux en qui il avait mis toute sa confiance, il se prend à désespérer, il maudit les faux dieux qu'il avait adorés : il ne peut pardonner à ses idoles d'être d'argile! Qu'il fasse un retour sur lui-même, et il reconnaîtra que le plus souvent il doit s'imputer la première faute. Combien de généreux démocrates n'ont mérité la réprobation du parti que parce qu'ils ont été aveuglés par l'encens du fétichisme populaire!!

Donc, le parti républicain ne doit point avoir d'autres chefs que son principe. Son général, c'est l'idée. Tous ses membres sont soldats au même titre; tous concourent au même but selon leurs moyens particuliers, mais spontanément, librement, sous l'inspiration de leur conscience et l'autorité de leurs convictions. Et quand chacun a fait ce qu'il a pu, il a mérité autant que les autres.

Sous la direction d'hommes investis d'une autorité supérieure, le succès n'est d'ailleurs pas possible. Les chefs sont ou inutiles ou nuisibles. Je m'explique.

L'action révolutionnaire, en fait, se produit de deux manières : d'abord, par la propagation de l'idée; puis, lorsque la résistance devient trop forte, par la lutte insurrectionnelle. Ceci est de l'histoire; c'est une vérité d'observation que l'on ne peut contester. Voyons quelle est l'influence des chefs et de la discipline conventionnelle dans l'un et l'autre cas. Cet examen formera la contre-preuve des pensées que je viens d'émettre.

Le principal, je pourrais même dire l'unique levier révolutionnaire des partis comme des individus, est dans la propagation des idées de progrès social. Or, les conceptions de l'intelligence ne se commandent pas comme les œuvres manuelles ; elles naissent d'inspiration dans le cerveau des penseurs. Les idées ne s'imposent pas ; on ne peut ni les décréter ni les modeler arbitrairement sur un moule uniforme, et les doctrines professées par un homme ou un parti n'ont sur l'opinion publique d'autre puissance que celle de la raison : elles se propagent par la seule force de persuasion. Un libre penseur ou une secte dissidente ne se soumet point à l'autorité spirituelle d'un concile, et les peuples n'acceptent pas une opinion par ordonnance.

Les hommes qui professent les mêmes principes et servent des opinions qui leur sont communes font sagement de se réunir, pour se concerter et s'aider réciproquement, comme des compagnons d'armes. Chacun sent le besoin d'associer les forces mises au service de la même doctrine, et de combiner les moyens matériels nécessaires pour sa vulgarisation. C'est ce que font jusqu'à un certain point les écoles socialistes, et ce qui constitue les sectes; c'est ce que nous demandons en réclamant le droit d'association.

Mais cette association ne peut avoir pour objet que de réunir les ressources matérielles consacrées par ses adeptes au succès de l'idée qui leur est commune. Il est évident, dès lors, que les chefs ne méritent plus ce titre. Les hommes préposés à ce travail de concentration des forces du parti ne sont pas des supérieurs, ils sont des serviteurs. Ils ne commandent pas; leur action doit se borner exclusivement à l'accomplissement de l'objet que l'on a en vue, savoir : réunir toutes les ressources éparses de la démocratie, et, avec leur produit, fournir à chacun de ses organes les moyens nécessaires à l'exécution de sa tâche. Ainsi défini et limité, le rôle des chefs est parfaitement légitime ; il ne leur confère aucune autorité sur les hommes du parti, et il ne leur donne aucun droit de contrôle sur les doctrines.

Au surplus, les gouvernements constitués ne permettent pas la création de semblables foyers de propagande révolutionnaire, même dans les limites que nous venons de déterminer. Une tentative a été faite sous un régime qui, pour plusieurs, était encore le gouvernement démocratique : l'on sait ce qu'il est advenu de la *Solidarité républicaine*.

Si l'organisation projetée a un autre objet, elle est contraire à la nature du parti révolutionnaire. Dès que l'institution d'un comité ou de chefs supérieurs a pour but d'établir une autorité doctrinale, avec droit de juridiction sur les opinions et pouvoir de soumettre les idées divergentes à la même règle disciplinaire, cette organisation est nuisible. Elle est d'ailleurs impossible : c'est un cercle vicieux.

En effet, une association de cette sorte est essentiellement attractionnelle. Elle résulte de la parfaite conformité des opinions. Les hommes vraiment politiques ne se réunissent pas pour coordonner des idées divergentes et combiner les moyens de répandre des principes hétérogènes. La coalition des partis contraires amène la guerre civile; elle produit ou l'anarchie, ou le despotisme de l'un d'eux et la destruction des autres. Les hommes sincères s'associent, parce que leurs opinions sont identiques ; parce qu'ils poursuivent le même but et qu'ils adoptent les mêmes moyens de réalisation. L'harmonie, et par conséquent l'organisation, ne peut résulter que de la communauté des sentiments ; ce n'est pas la communauté d'idées qui naît de l'association des personnes.

Or, si les idées sont les mêmes, l'action des chefs spirituels est nulle ; leur autorité est inutile. Ils n'ont rien à juger, rien à approuver ou à condamner. Si, au contraire, les principes et les sentiments, la fin et les moyens ; en un mot, si les éléments qui forment l'opinion politique des membres de l'association ne sont pas identiques, l'autorité des dictateurs du parti républicain est impossible. En cette matière, la force produit un effet opposé. La conscience de chacun ne se soumet qu'à la persuasion ; et il suffit de vouloir imposer un article de foi pour qu'il ne soit pas adopté.

Que si l'autorité morale des chefs était assez grande pour exercer une censure efficace sur les dissidences qui agitent le parti démocratique, cela serait excessivement dangereux. Il faut laisser les idées se produire spontanément et se répandre en toute liberté. L'on doit même provoquer la contradiction, favoriser l'élaboration des systèmes divers, laisser leurs adeptes se grouper selon leurs opinions, former des écoles, des sectes : c'est le seul moyen de connaître la vérité. Quand une pensée fausse s'est produite et a été rejetée après discussion, c'est une chance de moins à expérimenter ; et qui oserait proscrire une opinion tant que la voix populaire ne l'a pas jugée? Pourvu que la discussion soit libre, l'on a rien à craindre ; le grand juge saura bien prononcer. C'est la condition du progrès. Si les nuances qui se partagent le parti républicain étaient obligées de se soumettre à l'opinion d'un comité directeur, ou même d'une majorité, l'on condamnerait toujours, sous prétexte de discipline, et pour prétendu crime d'exagération, les idées aujourd'hui les plus avancées et qui peut-être paraîtront trop arriérées dans quelque temps. Réglementer la pensée, c'est étouffer l'initiative ; c'est éteindre le génie ; c'est tuer le progrès. Les schismes eux-mêmes ne sont pas dangereux ; et c'est aux grandes hérésies que le monde a dû de n'être pas arrêté dans l'immobilisme de l'autorité.

L'on redoute la contradiction des systèmes et l'anarchie dans les idées. L'on invoque la nécessité de la discipline et de l'unité. « Les systèmes, dit le Comité central « démocratique européen, ont divisé, subdivisé la pensée « mère de l'avenir ; ils se sont partagé les fragments du « drapeau ; ils vivent d'une vie impuissante, chacun sur « un mot enlevé à notre formule synthétique. Nous avons « des sectes et point d'église, des philosophies incom« plètes, contradictoires, et pas une religion, pas de « croyances collectives, ralliant les fidèles sous un seul « signe et harmonisant leurs travaux. »

Nous devons nous applaudir précisément de ce que le Comité déplore comme un malheur. Selon moi, ce sont autant de motifs pour faire repousser le projet d'une direction spirituelle dans le parti. Les illustres signataires du manifeste aux peuples me semblent avoir pris ici l'effet pour la cause. Non, les systèmes n'ont pas « divisé la pensée mère de l'avenir, » ils l'ont élaborée ; et elle est sortie de leurs discussions contradictoires comme la lumière naît du choc des corps. Non, ils ne se sont point « partagé les fragments du drapeau, » ils en ont fourni l'étoffe. Non, « ils ne vivent pas chacun sur un mot enlevé à la formule synthétique, » ils l'ont créée ; chacun d'eux lui a donné un de ses éléments constitutifs, soit par l'affirmation d'une vérité, soit par la négation d'une erreur. Nous devons le dire, au risque de blesser leur amour-propre, les membres du comité ne la possèderaient pas, cette formule, si les sectes socialistes ne la leur avaient pas donnée; et si l'humanité n'a pas encore trouvé ou accepté sa religion, l'autorité d'un comité ne lui imposera pas « la croyance collective qui doit rallier les fidèles sous un seul signe et harmoniser leurs travaux. » Ce qu'il faut redouter, ce n'est pas la multiplicité des sectes : elles alimentent la vie; mais bien plutôt l'unité d'une église orthodoxe, qui renferme la mort. En 1848, si l'extrême gauche de l'Assemblée constituante, considérée alors comme l'expression des idées les plus avancées et comme l'élite du parti républicain, avait pu imposer un dogme à la démocratie militante et lui dicter ses lois, le socialisme serait encore aujourd'hui relégué parmi les folles utopies ou les crimes.

La véritable Eglise, c'est le Peuple qui la constitue. Tous les partis politiques, et le Comité européen lui-même, ne sont que des sectes par rapport à lui. La croyance collective du Peuple ne peut résulter que de la discussion des philosophies contradictoires. Il n'appartient à personne de lui prescrire une religion; et, si tel est le but de l'organisation proposée, son établissement serait l'usurpation de la souveraineté.

Le Comité, il est vrai, proclame solennellement les droits du Peuple; mais c'est pour en attribuer l'exercice aux régulateurs de l'opinion. Il reconnait également le droit d'initiative de la pensée; mais c'est pour la soumettre à la censure du pouvoir spirituel que l'on veut organiser. Tout devra se soumettre à cette autorité disciplinaire, sous peine d'être mis au ban de la démocratie.

Je cite :

« Que chaque penseur poursuive assidûment, cons-« ciencieusement, ses recherches et son apostolat en « faveur de la solution spéciale qu'il a entrevue : les « Peuples émancipés sauront juger et choisir. » C'est parfaitement juste, on ne peut pas mieux dire ; mais l'on ajoute aussitôt cette restriction qui détruit le principe : « Mais qu'il ne s'écarte pas du camp où doivent se « réunir tous ses frères. »

Ainsi, chacun a le droit de poursuivre son œuvre, mais à la condition qu'elle viendra s'absorber et se confondre dans l'œuvre des chefs. Que devient alors la liberté d'initiative et l'indépendance de la pensée ? Et, si ce sont les Peuples qui jugent, à quoi bon l'organisation d'un tribunal des opinions ?

« Il faut comprendre que la liberté est un moyen « d'harmoniser consciencieusement nos efforts avec ceux « de nos frères, de prendre rang, sans violation de notre « dignité personnelle, parmi les combattants. » Mais toujours avec cette restriction des « petits sacrifices « qu'exigent l'organisation et la discipline. » C'est-à-dire que l'on proclame la liberté et que l'on organise le despotisme.

Tout homme qui dit : « J'ai trouvé la vérité politique, « et qui fait de l'adoption de son système à lui une con-« dition de l'association fraternelle, nie le Peuple, seul « interprète progressif de la loi du monde, pour n'affir-« mer que son *moi*. » C'est précisément là ce que ferait l'Église constituée ; c'est ce que fait le Comité lui-même. N'affirme-t-il pas déjà qu'il a trouvé la vérité politique, et ne fait-il pas de l'adoption de son système à lui, tel qu'il le formule dans son manifeste, une condition de l'association fraternelle? Il nie donc aussi le Peuple ; il n'affirme que son *moi; moi* collectif il est vrai, mais enfin n'exprimant qu'une opinion particulière, ne représentant qu'une secte.

Faut-il l'en blâmer? Non. Et si l'organisation proposée ne tendait pas à substituer le jugement d'un concile à celui du peuple, et à étouffer la liberté de la pensée dans l'orthodoxie d'une Église, nous l'approuverions sans réserve, sauf à discuter ses dogmes ; car si le Peuple, appréciateur souverain des idées soumises à son jugement doit en faire un choix et n'adopter que celles qui lui semblent justes et opportunes, les hommes qui ont accepté la noble mission de l'instruire, révélateurs et vulgarisateurs, doivent être exclusifs et absolus dans leurs systèmes. Loin de les en blâmer, je ferais plutôt le reproche contraire aux hommes éminents que je contredis. La foi qui transige n'est pas une foi sincère ; et ce n'est que dans de profondes convictions que l'homme puise les forces nécessaires pour ne pas succomber à cette rude tâche. Dans l'application l'éclectisme est de la prudence, en théorie c'est la stérilité et le néant. Que le Comité, comme toute autre secte, affirme ses idées, c'est son droit et son devoir ; mais alors il n'est, de même que tous les autres organes de la cause, qu'un champion engagé dans l'arène ; il ne peut être juge de ses idées, il ne peut faire la loi aux autres combattants.

En résumé, si le Comité européen veut attribuer à des chefs de partis un rôle réservé exclusivement au Peuple : celui de juger les doctrines qui se produisent, de constater les idées reçues, de mesurer le terrain conquis, ces chefs font de l'éclectisme, leur existence est inutile, et elle peut aboutir à l'usurpation d'une tutelle dangereuse. Si, au contraire, les chefs professent un système particulier, de deux choses l'une : ou ils imposent une opinion qui leur est personnelle, et l'on reconnaît qu'ils n'ont pas le droit de s'en faire juges ; ou bien ils se bornent à propager des idées déjà formulées, alors ils sont de simples vulgarisateurs. Dans l'un et l'autre cas ils n'ont d'autre pouvoir que l'autorité morale appartenant à tout individu ou à toute secte consciencieuse, et ils ne peuvent employer d'autre puissance disciplinaire que l'influence de la persuasion.

. Dans toutes les hypothèses possibles, à quoi servent les chefs? Que signifie cette organisation? Si le concile de cette nouvelle Église juge les doctrines, il usurpe les droits du Peuple et ses décisions n'ont point de sanction ; s'il ne les juge pas, son existence n'a point d'objet, et les chefs du parti n'ont point de raison d'être.

L'on comprendrait jusqu'à un certain point qu'il pût avoir pour mission d'examiner les systèmes, d'apprécier les hommes et de préparer, par une instruction préalable, le jugement du tribunal suprême ; je ne verrais à cela qu'un danger, ce serait celui d'une pression trop forte que son influence morale, sans contrepoids, exercerait sur le parti. Mais tel n'est pas même le but que l'on se propose. Le Comité reconnaît l'incompétence des individualités sur ce point ; il ne croit pas que l'on puisse même préparer les éléments qui doivent servir à la solution du problème social. « Nous pouvons mal saisir, « dit-il, ce qu'il y a de plus saint, de plus vaste, de plus « énergique dans l'aspiration de l'âme des Peuples. » Et il déclare que « la solution définitive est le secret de la « victoire. » De sorte que ce sénat démocratique ne sera ni initiateur, ni vulgarisateur, ni même simple moniteur du Peuple. Pour la centième fois, à quoi servira donc l'autorité constituée ?

Vous vous croyez « impuissants à sentir et à comprendre la vie, » et vous condamnez les autres à la stérilité de votre impuissance. « La vie, dites-vous, c'est le « Peuple ému, c'est l'instinct des multitudes élevé à une « puissance exceptionnelle par le contact, par le sentiment prophétique des grandes choses à faire, par l'association spontanée, soudaine, électrique de la place « publique ; c'est l'action surexcitant toutes les facultés « d'espérance, de dévouement, d'enthousiasme et d'amour qui sommeillent aujourd'hui et révélant l'homme « dans l'unité de sa nature, dans la plénitude de ses « forces réalisatrices. Le serrement de main d'un ouvrier, à un de ces moments historiques qui initient « une époque, nous apprendra peut-être plus sur l'organisation de l'avenir que ne le peuvent aujourd'hui le « travail froid et découragé de l'intelligence, ou la science « des morts illustres d'il y a deux mille ans. »

Voilà un magnifique langage ; il témoigne d'une noble confiance dans les voix mystérieuses qui sortent du sein des masses populaires ; mais j'y découvre aussi une négation funeste et il contient de dangereuses illusions. Oui, une révélation intuitive de l'avenir, dans une grande journée révolutionnaire, peut faire naître des pensées fécondes et ouvrir à l'esprit inspiré d'immenses perspectives. Mais de là à la réalisation il y a loin.

Contradiction étrange ! L'on reconnaît les droits du peuple et l'on veut instituer une puissance dictatoriale qui les absorberait tous, qui représenterait le souverain ; puis l'on proclame immédiatement l'incompétence de cette autorité, et on la déclare incapable de résoudre les problèmes dont elle est constituée arbitre suprême. L'on va plus loin, l'on ne reconnait pas même à l'homme isolé ou aux écoles, aux sectes, la puissance d'initiative; l'on annihile l'action personnelle, l'on attribue au peuple entier le rôle des partis, pour absorber le tout dans un comité inactif, simple reflet des transformations qui s'opèrent au sein de l'humanité. « Tout homme, dit le « Manifeste, qui prétend, par le travail isolé de son intel« ligence, quelque puissante qu'elle soit, découvrir au« jourd'hui une solution définitive aux problèmes qui « agitent les masses, se condamne à l'erreur par l'in« complet en renonçant à une des sources éternelles de « la vérité, — l'intuition collective du peuple en action. » De sorte que, sous la volonté des chefs, le parti républicain doit s'endormir dans son « impuissance à sentir et à comprendre la vie, » jusqu'à ce que « l'action surexcite toutes les facultés d'espérance, de dévouement, d'enthousiasme et d'amour qui sommeillent aujourd'hui, et révèle l'homme dans l'unité de sa nature, dans la plénitude de ses forces réalisatrices. » Ces chefs se tiendront dans l'expectative, exerçant un pouvoir de censure négative sur les productions individuelles, jusqu'à ce que « dans un de ces moments historiques qui initient une époque, le serrement de main d'un ouvrier, » leur apprenne ce qu'ils ne savent pas « sur l'organisation de l'avenir, » et que la victoire leur révèle la solution définitive!

Non, non, ce n'est pas ainsi que s'accomplit le progrès social. L'organisation de l'avenir ne s'improvise pas. L'idée ne passe dans les faits que longtemps après qu'elle est éclose dans le cerveau des précurseurs Qu'elle naisse sous l'inspiration du Peuple, au contact sympathique des masses agitées par l'esprit révolutionnaire, ou qu'elle sorte des méditations solitaires des philosophes, il faut qu'elle soit formulée par le révélateur, vulgarisée par la propagande et adoptée par le peuple pour entrer dans les institutions sociales. Les révolutions ne produisent que ce qu'elles renferment dans leur sein. On l'a dit avec une grande force de vérité : « Les révolutions qui n'avortent pas sont celles dont le but est précis et a été défini d'avance (1). » « A qui prétend le conduire, ajoute le même auteur, le Peuple a droit de demander où on le mène. Il ne lui est arrivé que trop souvent déjà de s'agiter pour des mots, de combattre dans les ténèbres, de s'épuiser en dévouements dérisoires, et d'inonder de son sang, répandu au hasard, la route des ambitieux, tribuns de la veille, que le lendemain saluait oppresseurs. »

Ah ! sans doute, les inspirations de l'esprit révolutionnaire, « le serrement de main d'un ouvrier, » en de certains moments, sont plus féconds que le travail froid et découragé de l'intelligence ou la science des morts; mais ce n'est pas à un travail froid et découragé que doivent consacrer leur intelligence et leurs forces les soldats de la démocratie; ils doivent explorer toutes les parties de la science humanitaire; rechercher dans l'histoire le point de départ des sociétés; demander à la philosophie le but vers lequel elles gravitent; constater le point où le monde est parvenu et le chemin qu'il doit suivre pour accomplir ses destinées. Il ne suffit pas de proclamer que les révolutions doivent améliorer le sort de tous; de dire, dans un langage pompeusement hiéroglyphique que « tout changement politique qui ne vise pas à trans- « former le milieu, l'élément dans lequel vivent les indi-

(1) Louis Blanc, *Organisation du travail*, introduction.

« vidus, fausse radicalement la tendance éducationnelle « qui seule le rend légitime ; » il faut encore et surtout formuler des idées d'amélioration sociale, les baser sur des principes solides, en déduire les conséquences pratiques ; il faut professer ces idées, les soumettre à la discussion, les livrer au jugement du Peuple ; — s'il les adopte, rien ne résiste à sa volonté réalisatrice.

Telle est la mission des révolutionnaires. Pour l'accomplir il n'est pas besoin de chefs ; chacun y concourt librement selon la nature de ses facultés, l'étendue de ses forces et l'énergie de ses convictions. L'organisation d'un pouvoir directeur serait éminemment dangereuse, elle préparerait l'usurpation et le despotisme.

Les dangers de cette prétendue organisation sont bien plus grands encore quand il s'agit de faire triompher les idées par la force.

Un homme ou un parti n'a pas le pouvoir de déterminer arbitrairement et avec succès des révolutions violentes.

En effet, quand l'opinion publique n'y est pas préparée, il est impossible de vaincre à main armée les pouvoirs établis. Tant que la bataille se livre sur le même terrain, avec les mêmes armes, jamais les forces insurrectionnelles ne peuvent résister aux forces militaires.

On ne dirige pas un Peuple comme une armée ; on ne commande pas à des insurgés comme à un régiment.

Pour former une armée insurrectionnelle et la mener au combat il faut réunir un grand nombre de conditions, toutes indispensables, et dont le concours est absolument impossible.

D'abord, il faut recruter des conjurés et les organiser

militairement. Cela ne peut pas sérieusement s'effectuer au grand jour ; le gouvernement ne le permettrait pas. On est donc obligé de se réunir en société secrète. Si le gouvernement était en réalité démocratique, s'il était exercé par le Peuple, les sociétés secrètes seraient un crime commis par les partis contre le souverain ; elles seraient d'ailleurs inutiles puisque le droit de réunion autoriserait toute espèce de sociétés publiques. Nous n'en sommes pas encore là, assurément; par conséquent, en se plaçant au point de vue révolutionnaire, l'on comprendrait les sociétés secrètes si elles étaient possibles. Mais des sociétés secrètes, il n'y en a point. Dès qu'un certain nombre de personnes possèdent un secret, ce n'en est plus un, ou du moins nul ne peut être sûr qu'il sera religieusement gardé. Les indiscrétions des esprits légers, les fanfaronnades juvéniles des vantards, les épanchements de l'ivresse, les confidences arrachées à l'amitié ou à l'amour, les divulgations de la fièvre ou du délire, les révélations de la peur, peuvent à chaque instant détruire les combinaisons les mieux conçues. Le mystère est bien plus difficile encore quand, comme dans le cas qui nous occupe, il s'agit d'assemblées nombreuses, composées d'éléments très hétérogènes, recrutés parmi toutes sortes d'individus, presque au hasard, par des choix faits sur de simples apparences. Enfin, la police du gouvernement a des agents partout, principalement dans les foyers d'action républicaine et dans l'entourage des propagateurs les plus actifs des principes démocratiques. Pour écarter les soupçons, les espions savent jouer tous les rôles; ils captent la confiance de ceux qu'ils veulent surveiller, et ils s'insinuent dans les réunions les plus intimes, en affectant les sentiments d'un républicanisme exagéré. Le gouvernement peut donc connaître tout ce qui se passe dans les sociétés de conspirateurs ; il sait leurs rivalités, leurs jalousies, leurs dissensions intestines ; il les entretient et les envenime habilement ; il connaît tous leurs projets, il surveille toutes leurs démarches. Il les laisse faire tant qu'ils ne sont pas dangereux ; il encourage, il provoque même les tentatives compromettantes, et, du jour où l'action des sociétés secrètes devient menaçante, il fait arrêter ses téméraires et maladroits ennemis par ses gendarmes ou il les fait mitrailler par ses soldats.

Lors même que le secret nécessaire à une conjuration ne serait divulgué, ni par les imprudences, ni par les indiscrétions, ni par la trahison, ni par l'espionnage, comment organiser des forces insurrectionnelles suffisantes pour une bataille rangée ?

En premier lieu, il faut des chefs qui ne soient connus que d'eux-mêmes. Si chaque conjuré sait leurs noms, leur arrestation en un moment donné fait tout échouer ; mais le mystère dont ils sont obligés de s'entourer affaiblit la confiance des soldats. Ce qui fait la force du soldat, c'est sa foi dans son chef. Ici les soldats ne savent ni où ils vont ni qui les conduit, et ils ne se lancent qu'avec réserve, avec hésitation dans les hasards de l'inconnu. Dans leur impatience du dénouement, les uns veulent agir de suite, et accusent les chefs de lenteur ou de trahison ; d'autres redoutent un mouvement prématuré, et accusent les chefs d'imprudence, de légèreté ou d'ambition. Tous veulent connaître le but et les moyens ; chacun veut avoir une opinion personnelle et refuse de se laisser diriger aveuglément par une autorité dictatoriale, et les chefs sont presque toujours dans la nécessité d'obéir à ceux qu'ils devraient commander.

Ce n'est pas tout. Il faut faire des préparatifs matériels : réunir des armes, confectionner des munitions, établir des dépôts, le tout secrètement, sans que personne puisse soupçonner ce travail. L'on cherche toujours à se ménager des intelligences dans l'armée, à gagner des fonctionnaires, à s'assurer le concours ou au moins la neutralité des forces que l'on ne pourrait briser : toutes choses pleines de périls.

Enfin, arrive le jour de la bataille. Qui la déterminera? Les chefs peuvent faillir, et des causes nombreuses produisent de funestes erreurs ou des fautes qui, en pareille matière, deviennent des crimes. L'incertitude des observations, l'infidélité des renseignements, l'impatience des désirs, les tentations de l'ambition, les indécisions de l'esprit, les défaillances du cœur, les influences de la peur ou de la timidité, l'effroi de la responsabilité, les appréhensions de la famille, la crainte de perdre sa fortune, sa liberté, sa vie : tout cela peut peser sur les résolutions d'un homme ou des chefs de parti, et compromettre la cause humanitaire en déterminant une compression ou des mouvements intempestifs de la démocratie.

Si les chefs ont bien choisi le moment et s'ils ont pu s'entendre sur les points stratégiques, s'ils ont pu déterminer librement le lieu et l'heure favorables, d'autres dangers non moins redoutables viennent encore compromettre le succès au moment décisif. D'une part, les chefs peuvent faire défaut, ne pas se présenter, ne pas donner le signal. Ceux qui étaient investis du commandement, parce qu'ils semblaient les plus déterminés et les plus braves, peuvent être les plus indécis et les plus poltrons devant le danger. D'un autre côté, grand nombre de soldats sur lesquels on avait compté restent sourds à l'appel, et ceux qui paraissaient les plus ardents en paroles sont rarement ceux qui se présentent les premiers au combat.

Alors la défiance et le soupçon, la colère et la menace, le désespoir et la vengeance jettent la perturbation parmi les conjurés, et l'on doit s'estimer heureux si les premiers coups ne sont pas dirigés contre eux-mêmes.

Autres difficultés. Les chefs doivent faire leurs dispositions à travers la confusion des esprits, et prendre leurs positions au milieu des forces ennemies qui les entourent. Il faut s'emparer des points stratégiques, conquérir des armes sur ses ennemis, imposer par l'audace, surprendre par l'imprévu des combinaisons, déconcerter par l'impétuosité des attaques, enfin, suppléer au nombre par le calme et l'habileté, à la force par l'énergie et l'héroïsme ; et tout cela sans autorité réelle, sans discipline possible, au milieu d'une population indifférente ou hostile. Et qu'est-ce donc quand il faut livrer la bataille sur plusieurs points du territoire à la fois !

Tandis que les conjurés se trouvent ainsi dans des conditions si défavorables, le pouvoir, au contraire, dispose de tous les moyens de succès. L'insurrection est en face d'une armée formidable qui l'enlace de tous côtés, parfaitement disciplinée, commandée par des chefs absolus, obéissant aveuglément à des ordres précis. Cette armée possède des forces considérables en hommes, en armes et en munitions ; elle peut prendre librement ses mesures et choisir ses positions au grand jour, sans entraves. Tous les corps qui la composent suivent une impulsion unique et concourent à l'exécution d'un plan habilement combiné.

Dans de telles conditions, l'issue d'une bataille ne peut être un instant douteuse. Par principes et par nature, le parti révolutionnaire ne doit reconnaître ni supérieurs ni inférieurs, et il faut, pour une conjuration, des chefs et des soldats. Il combat pour la liberté, et il faut qu'il s'asservisse à la discipline, qu'il institue la dictature. Toutes les puissances sont entre les mains de son ennemi ; il n'a d'autre force que celle de son droit, et, dans l'hypothèse, ce droit n'est pas reconnu par les masses ; on le retourne contre lui-même. Comment lui serait-il possible de vaincre? Avec cela on peut faire des prodiges de valeur, on peut déployer tout l'héroïsme du martyr et livrer un nom glorieux à la postérité : on ne peut être vainqueur.

C'était l'opinion d'Armand Carrel. Elle s'est douloureusement confirmée à Paris et à Lyon, en avril 1834 ; à Paris, en mai 1839.

La puissance du parti révolutionnaire, la force invincible qui le fait triompher de toutes les armées, et que Carrel n'avait pas comprise, c'est la force morale de l'idée, c'est l'irrésistible puissance du droit. L'arme de guerre de la démocratie, c'est la propagande par l'enseignement populaire.

Là, du reste, est la véritable révolution. Quand, par la résistance des maîtres de la terre, la révolution éclate en luttes sanglantes, elle est déjà faite dans les esprits, et l'insurrection n'est que la consommation d'un fait accompli. Avec la seule puissance de la parole, Jésus fut le plus grand des révolutionnaires.

Quand l'opinion y est préparée, la révolution éclate au premier événement fortuit qui la détermine et lorsqu'on s'y attend le moins. Il n'est pas besoin de chef; chacun est son chef à lui-même. Lorsque l'idée est prête, elle commande uniformément à tous les esprits ; l'on n'a pas besoin de s'y préparer en commun, de comploter, de délibérer, de faire des dispositions collectives ; chacun obéit à sa propre volonté, chacun sent, voit, sait ce qu'il faut et s'y dispose à l'avance, dans le secret, ou improvise son arsenal particulier, quand l'effervescence publique agite son esprit. Il y a un général plus habile que tous les généraux, c'est la volonté uniforme qui dirige isolément tous les hommes vers le même but; il y a une discipline plus sévère que toutes les disciplines, c'est le consentement libre, la détermination volontaire, l'obéissance active à ses propres résolutions. Alors, tout concourt à l'insurrection, hommes, femmes et enfants. Les enfants surtout, pénétrés de l'agitation qui règne dans l'air, se font, par leur insouciance, les tirailleurs de l'armée populaire et en forment la bruyante avant-garde. Les femmes, par leurs encouragements, excitent les hommes, et, sous leur regard inspirateur, font accomplir des prodiges. Tout est soldat, la population tout entière est une armée où chacun prend de lui-même sa place et choisit le rôle qui lui convient. Bien loin d'éprouver de l'hostilité, on ne trouve partout que des sympathies et des auxiliaires. Là où une émeute ne voit que portes closes, la révolution ne rencontre que des refuges ouverts aux combattants et des secours donnés aux blessés.

Les chefs s'improvisent comme le reste. Ils obéissent eux-mêmes à l'idée commune, à la volonté générale qui commande à chacun par la voix de tous; ou plutôt ce sont aussi des soldats remplissant des rôles différents; ce sont des officiers subalternes, des lieutenants du même général en chef: l'idée.

L'on n'attend le signal de personne; il est donné par des circonstances presque toujours imprévues. L'on n'attend les ordres de personne; chacun n'obéit qu'à son propre commandement. Par conséquent l'on ne compte sur aucun général; l'on ne se préoccupe de l'absence d'aucun combattant, et l'on n'a pas à craindre les contre-ordres, les malentendus, les défections, les défaillances, la lâcheté et la désertion ni des chefs ni des soldats au moment décisif. Les insurgés sont tous ceux qui se présentent. Les chefs sont ceux qui s'emparent le plus résolument de la direction, et assument ainsi la plus grande part de responsabilité, ou qui sont acclamés d'enthousiasme, parce qu'ils inspirent le plus de confiance par leur habileté, leur courage et leur audace.

Enfin, le champ de bataille est sur tous les points du territoire où le peuple rencontre les forces du pouvoir ; et l'insurrection est partout, jusqu'au faîte des maisons.

Alors quelles que soient les forces qu'on lui oppose, le peuple est sûr de vaincre. Qu'importent les armées, les canons, les bastilles et les fanfaronnades des généraux? Vainement le pouvoir prend ses dispositions, sa grande confiance fait sa faiblesse ; les forces dont il dispose l'endorment dans une sécurité mortelle, et il ne croit à sa chute que quand elle est consommée. La force morale de l'insurrection paralyse les forces matérielles même les plus considérables. Elle jette l'indécision dans l'esprit des officiers ; ils ne savent quel parti prendre, et ils n'osent plus commander. Elle laisse l'indifférence, et même elle excite les sympathies des soldats, heureux de pouvoir écouter les sentiments fraternels qu'ils éprouvent au fond du cœur ; plus heureux encore de ne pas être placés, entre leurs devoirs militaires et leurs devoirs civiques, dans l'horrible alternative de massacrer leurs frères ou de tomber sous leurs coups ; et l'armée du pouvoir devient l'auxiliaire de l'insurrection, de sorte que plus les troupes sont nombreuses, plus la révolution a de force. Rien ne peut résister à cette puissance morale de l'opinion publique. L'on voit des armées entières, parfaitement disciplinées, munies de toutes les ressources matérielles de la guerre, braves dans la bataille, invincibles devant l'ennemi, favoriser elles-mêmes le mouvement émancipateur, qui doit d'ailleurs leur profiter comme au Peuple, dont elles sortent et où elles rentrent incessamment. Il n'y a ni vainqueurs ni vaincus; le despotisme seul est abattu, et les deux armées que l'on voulait rendre ennemies peuvent marcher ensemble au triomphe, couronnées des mêmes lauriers, ceux de l'union et de la paix.

C'est ainsi que se font les révolutions.

En résumé, l'organisation de la démocratie doit être conforme aux lois essentielles de sa nature. Elle ne peut avoir d'autres chefs que son principe. Elle n'accepte d'autre direction que celle de la raison. Elle ne reconnaît d'autre autorité que celle de l'idée. Elle n'admet d'autres moyens d'action que la puissance de la persuasion. Elle ne se soumet qu'à la discipline résultant de l'adhésion libre aux mêmes principes. La Constitution du parti républicain réside dans la communion spirituelle de tous les démocrates. Elle consiste dans le seul fait du concours des volontés individuelles pour l'accomplissement du même résultat : la Révolution, c'est-à-dire le mouvement ascensionnel de l'humanité vers l'idéal de ses destinées.

Le rôle de chacun dans ces grands événements est indiqué par la nature même des choses. Tout républicain doit communiquer ses croyances, propager ses doctrines d'affranchissement populaire et de rénovation sociale, par la parole et par la presse, à l'aide de tous les moyens que la nature et la société mettent à sa disposition. Il doit consacrer au service de la propagande révolutionnaire ses facultés, ses talents, son énergie, son courage; il doit y sacrifier sa fortune, sa liberté, sa vie, sa mémoire. En un mot, il doit confesser sa foi jusque dans les supplices, mais il ne doit jamais l'imposer par l'autorité ; cela serait d'ailleurs impossible : il ne peut la faire triompher que par l'apostolat ou par le martyre.

FIN DE LA PREMIÈRE PARTIE.

TABLE DES MATIÈRES

DE LA PREMIÈRE PARTIE.

TABLE DES MATIÈRES.

Pages.

Préambule. 5

PREMIÈRE PARTIE.

PRINCIPES DE DROIT POLITIQUE.

CHAPITRE PREMIER. — De l'origine des Sociétés. . . 15

CHAPITRE II. — Du but des Sociétés. 25

CHAPITRE III. — De la Fraternité. 37

CHAPITRE IV. — De l'Égalité. 41

CHAPITRE V. — De la Liberté. 48

CHAPITRE VI. — De la Souveraineté. 72

CHAPITRE VII. — De l'usurpation de la Souveraineté. . 78

CHAPITRE VIII. — De l'inaliénabilité de la Souveraineté. 89

CHAPITRE IX. — Des Révolutions. 97

CHAPITRE X. — Des droits et des devoirs en matière de Révolutions. 104

CHAPITRE XI. — De l'organisation de la Démocratie militante. 112

ÉTUDES RÉVOLUTIONNAIRES.

DEUXIÈME PARTIE.

RÉVOLUTIONS ET RÉACTIONS.

L'histoire de ces dix-neuf derniers siècles renferme le tableau vivant de la grande bataille que nous avons constatée entre le vieux monde et le nouveau. Ce drame fut long et douloureux. Sur la scène sanglante ont passé successivement les générations asservies au joug du despotisme, étouffées par l'ignorance et écrasées sous le poids de la misère. L'on a vu des légions de penseurs immolées, des peuples entiers s'entr'égorger pour la cause de leurs maîtres, et des sacrifices humains où les victimes offertes au génie du mal se comptent par millions.

Grâce à Dieu, nous touchons au dénoûment. Tous les partis sentent approcher l'heure qui doit terminer cette longue crise. Suppôts du passé et champions de l'avenir, tous se préparent à la lutte suprême. Puissent les fureurs de l'esprit contre-révolutionnaire ne pas la rendre sanglante! Quoi qu'il en soit, nous ne devons pas en redouter l'issue : la puissance du progrès est irrésistible. Mais, de part et d'autre, les efforts seront désespérés ; pour la paix et le bonheur du monde, il faut que la victoire soit définitive.

Une revue rapide des actes de la révolution et des manœuvres réactionnaires peut y contribuer efficacement. A la veille des grands événements qu'annoncent tant de signes précurseurs, les leçons du passé me semblent plus indispensables que jamais. Les enseignements que contient l'histoire sont de nature à faire éviter bien des écueils ; ils pourront prévenir des dangers dont le parti républicain trouverait la source dans ses propres fautes comme dans les piéges de ses ennemis. Ce sera d'ailleurs la confirmation des idées professées dans la première partie de ce livre.

Je ne veux pas parcourir toutes les phases par lesquelles a passé, pour arriver jusqu'à nous, la doctrine de délivrance qui a été léguée à l'humanité du haut du Golgotha. Il faudrait retracer, dans un effrayant tableau, les crimes des princes temporels et spirituels, et les souffrances lamentables des peuples pendant près de deux mille ans. Mais il est essentiel d'en étudier les deux principales, la première et la dernière, celle de révélation et celle de réalisation, la révolution chrétienne proprement dite et la révolution française. Ce sera l'objet de cette seconde partie.

TABLE DES CHAPITRES

QUI SERONT CONTENUS DANS LA DEUXIÈME PARTIE.

CHAPITRE PREMIER. — Révolution chrétienne.

CHAPITRE II. — Réaction catholique.

CHAPITRE III. — Révolution bourgeoise de 1789.

CHAPITRE IV. — Réaction royale, nobiliaire et cléricale.

CHAPITRE V. — Révolution populaire de 1792.

CHAPITRE VI. — Réaction thermidorienne.

CHAPITRE VII. — Réaction impériale.

CHAPITRE VIII. — Restauration. — Réaction jésuitico - féodale.

CHAPITRE IX. — Révolution bourgeoise de 1830.

CHAPITRE X. — Réaction orléaniste.

CHAPITRE XI. — Révolution populaire de février 1848.

CHAPITRE XII. — Réaction des vieux partis monarchiques coalisés contre la République.

www.ingramcontent.com/pod-product-compliance
Ingram Content Group UK Ltd.
Pitfield, Milton Keynes, MK11 3LW, UK
UKHW020305180726
13839UKWH00001B/378

9 782329 610733